国家创新指数报告 2019

中国科学技术发展战略研究院 著

科学技术文献出版社

·北京·

图书在版编目（CIP）数据

国家创新指数报告. 2019 / 中国科学技术发展战略研究院著. —北京：科学技术文献出版社，2019.11
ISBN 978-7-5189-6158-0

Ⅰ.①国… Ⅱ.①中… Ⅲ.①国家创新系统—研究报告—中国—2019 Ⅳ.① F204 ② G322.0

中国版本图书馆CIP数据核字（2019）第237693号

国家创新指数报告2019

| 策划编辑：李 蕊 | 责任编辑：张 红 | 责任校对：文 浩 | 责任出版：张志平 |

出 版 者　科学技术文献出版社
地　　　址　北京市复兴路15号　邮编 100038
编 务 部　（010）58882938，58882087（传真）
发 行 部　（010）58882868，58882870（传真）
邮 购 部　（010）58882873
官 方 网 址　www.stdp.com.cn
发 行 者　科学技术文献出版社发行　全国各地新华书店经销
印 刷 者　北京时尚印佳彩色印刷有限公司
版　　　次　2019年11月第1版　2019年11月第1次印刷
开　　　本　889×1194　1/16
字　　　数　111千
印　　　张　7
审 图 号　GS（2020）850号
书　　　号　ISBN 978-7-5189-6158-0
定　　　价　86.00元

版权所有　违法必究

购买本社图书，凡字迹不清、缺页、倒页、脱页者，本社发行部负责调换

国家创新指数报告2019
编辑委员会

主　任：胡志坚　许　倞

副主任：张　丽　吴　向

协调人：玄兆辉　秦浩源

执笔人：（以姓氏笔画为序）
　　　　玄兆辉　朱迎春　刘辉锋　孙云杰
　　　　张　洁　陈　钰　陈志军　曹　琴
　　　　韩佳伟

前言

提高自主创新能力、建设创新型国家，是《国家中长期科学和技术发展规划纲要（2006—2020年）》提出的战略目标。为了监测和评价创新型国家建设进程，中国科学技术发展战略研究院从2006年起开展了国家创新指数的研究工作。在科技部领导、有关司局、事业单位和各界专家学者的支持和帮助下，《国家创新指数报告》自2011年以来已经发布了8期。《国家创新指数报告2019》是该系列报告的第9期。

根据《国家创新调查制度实施办法》的部署要求，《国家创新指数报告》是国家创新调查制度系列报告之一，是国家层面的创新能力评价报告。《国家创新指数报告》借鉴了国内外关于国家竞争力和创新评价等方面的理论与方法，从创新资源、知识创造、企业创新、创新绩效和创新环境5个方面构建了国家创新指数的指标体系。本报告继承了往期的指标体系结构，即国家创新指数由5个一级指标和30个二级指标组成。20个定量指标突出创新规模、质量、效率和国际竞争能力，同时兼顾大国小国的平衡；10个定性调查指标反映创新环境。

本报告继续选用了40个科技创新活动活跃的国家（其R&D经费投入之和占全球总量95%以上）作为研究对象；继续采用国际上通用的标杆分析法测算国家创新指数；所用数据均来自各国政府或国际组织的数据库和出版物，具有国际可比性和权威性。报告以2017年的统计调查数据为基础（正文中如无特别说明，指标值均为2017年数据，中国数据暂不包括港澳台地区），测算了40个国家的创新指数，并与上期报告的结果进行了比较。

当今世界，国家的繁荣富强和持续发展主要取决于国家创新能力的培育和积累，而不是人口数量的多少和自然资源的贫富。面对未来科技发展和国际政治经济形势演变带来的机遇与挑战，世界各国都在增加科技创新资源投入，力图增强创新能力。在全球竞争背景下，中国国家创新指数国际排名上升至第15位，指数得分继续增长，与先进国家的差距正在缩小。

党的十九大报告明确提出了"加快建设创新型国家"的战略任务。国家创新调查制度的建立，必将为完善创新评价指标体系、深入开展创新监测分析与评价工作创造有利条件。评价国家综合创新能力，监测中国创新能力的变化，分析中国与全球创新型国家之间的差距，需要不断探索和深入研究。我们衷心希望通过国家创新指数年度系列报告，为社会提供一个认识和评价中国创新发展状况的窗口；汲取各个方面专家学者的宝贵意见，不断完善国家创新指数，共同见证中国创新型国家建设这一伟大历史进程。

《国家创新指数报告2019》
编辑委员会

第一部分　从数据看中国　　1

一、从主要指标看中国的进步　　2
（一）创新资源投入稳步增长　　3
（二）知识创造能力持续增强　　8
（三）科技创新对经济发展的贡献日益显著　　10

二、中国创新在世界中的位置　　12
（一）世界创新格局从美欧主导向美欧亚三足鼎立演变　　13
（二）中国在中高收入阶段国家中优势突出　　16
（三）中国发展潜力在于创新质量变革和开放合作　　19

三、国家创新指数指标评价　　23
（一）创新资源投入进步显著　　24
（二）知识创造水平继续领先　　26
（三）企业创新能力保持稳定　　28
（四）创新绩效明显提升　　31
（五）创新环境仍需改善　　34

四、中国创新能力的发展与演变　　36
（一）国家创新指数演变路径　　37
（二）《"十三五"国家科技创新规划》指标进展与预测　　40

第二部分　国别分析　　45

第三部分　评价方法　　87

一、评价思路　　88
（一）评价目的　　88
（二）创新型国家内涵　　88

（三）理论基础　　　　　　　　　　　　　　　　　　　　89
（四）指标选择原则　　　　　　　　　　　　　　　　　90

二、指标体系　　　　　　　　　　　　　　　　　　　　　91

三、计算方法　　　　　　　　　　　　　　　　　　　　　93
（一）二级指标数据处理　　　　　　　　　　　　　　　93
（二）一级指标计算　　　　　　　　　　　　　　　　　93
（三）国家创新指数计算　　　　　　　　　　　　　　　94
（四）中国创新指数的增长计算方法　　　　　　　　　　94

附　录　　　　　　　　　　　　　　　　　　　　　　　95

附录一　指数测度值与排序图　　　　　　　　　　　　　96

附录二　指标解释　　　　　　　　　　　　　　　　　　99

附录三　数据来源　　　　　　　　　　　　　　　　　　103

国家创新指数报告2019

从数据看中国

第一部分

一、从主要指标看中国的进步

自《国家中长期科学和技术发展规划纲要（2006—2020年）》（以下简称《规划纲要》）颁布实施以来，中国科技创新能力持续增强。创新资源投入稳步增长。R&D经费增速领跑全球，R&D经费规模稳居世界第2位，R&D经费投入强度达到2.15%，R&D人员总量稳居世界首位。知识创造能力持续增强。国际科技论文数量稳居世界第2位；国内发明专利申请量和授权量均居世界首位。科技对经济发展贡献不断提升。科技进步贡献率持续增长，达到57.8%；科技成果转化水平快速提升，技术市场签订技术合同数和成交金额稳步增长；知识密集型产业发展势头良好，产业结构继续优化。

随着创新驱动发展战略的深入实施，中国科技创新能力不断提升。创新资源投入稳步增长，科技创新成果产出日益显著，科技成果转化水平持续提升，知识密集型产业保持良好发展态势，科技创新对经济社会发展的支撑和引领作用不断增强，推动创新型国家建设迈上新台阶。

（一）创新资源投入稳步增长

充足的创新资源是国家创新能力提升的重要基础。近年来，随着国际科技竞争形势的加剧，全球创新资源总量进一步提升。中国继续加大创新资源投入力度，研发经费和研发人员持续增长。

1. R&D经费总量稳居世界第2位

全球（指本研究关注的40个国家，下同）R&D经费延续增长态势。2017年，全球R&D经费支出总规模达到1.57万亿美元，较上年增加4.0%[①]。从R&D经费分布来看，北美洲、亚洲和欧洲[②]是全球研发活动最密集、最活跃的三大地区，呈三足鼎立之势（图1-1）。北美洲R&D经费占全球的份额为36.7%，亚洲占34.0%，欧洲占25.8%。与2000年相比，北美洲R&D经费全球份额下降了7.3个百分点；欧洲微幅下降了0.5个百分点，亚洲提升了6.8个百分点。

中国R&D经费为2604.9亿美元，连续5年居世界第2位，占全球的16.6%（图1-2）。美国R&D经费规模继续居世界首位，占全球总量的34.7%，是中国的2.1倍。日本居第3位，R&D经费规模达到1561.3亿美元，占全球总量的10.0%。

全球R&D经费主要集中在发达国家，2000年，加拿大、法国、德国、意大利、日本、英国和美国G7国家R&D经费总和占全球总量的4/5以上。随着新兴经济体及发展

---

① 本部分增速均按不变价计算。
② 亚洲国家：中国、日本、韩国、新加坡、印度、以色列、土耳其；欧洲国家：奥地利、比利时、捷克、丹麦、芬兰、法国、德国、希腊、匈牙利、冰岛、爱尔兰、荷兰、挪威、波兰、葡萄牙、罗马尼亚、意大利、卢森堡、俄罗斯、斯洛伐克、斯洛文尼亚、西班牙、瑞典、瑞士、英国；北美洲国家：美国、加拿大、墨西哥；南美洲国家：阿根廷、巴西；大洋洲国家：澳大利亚、新西兰；非洲国家：南非。

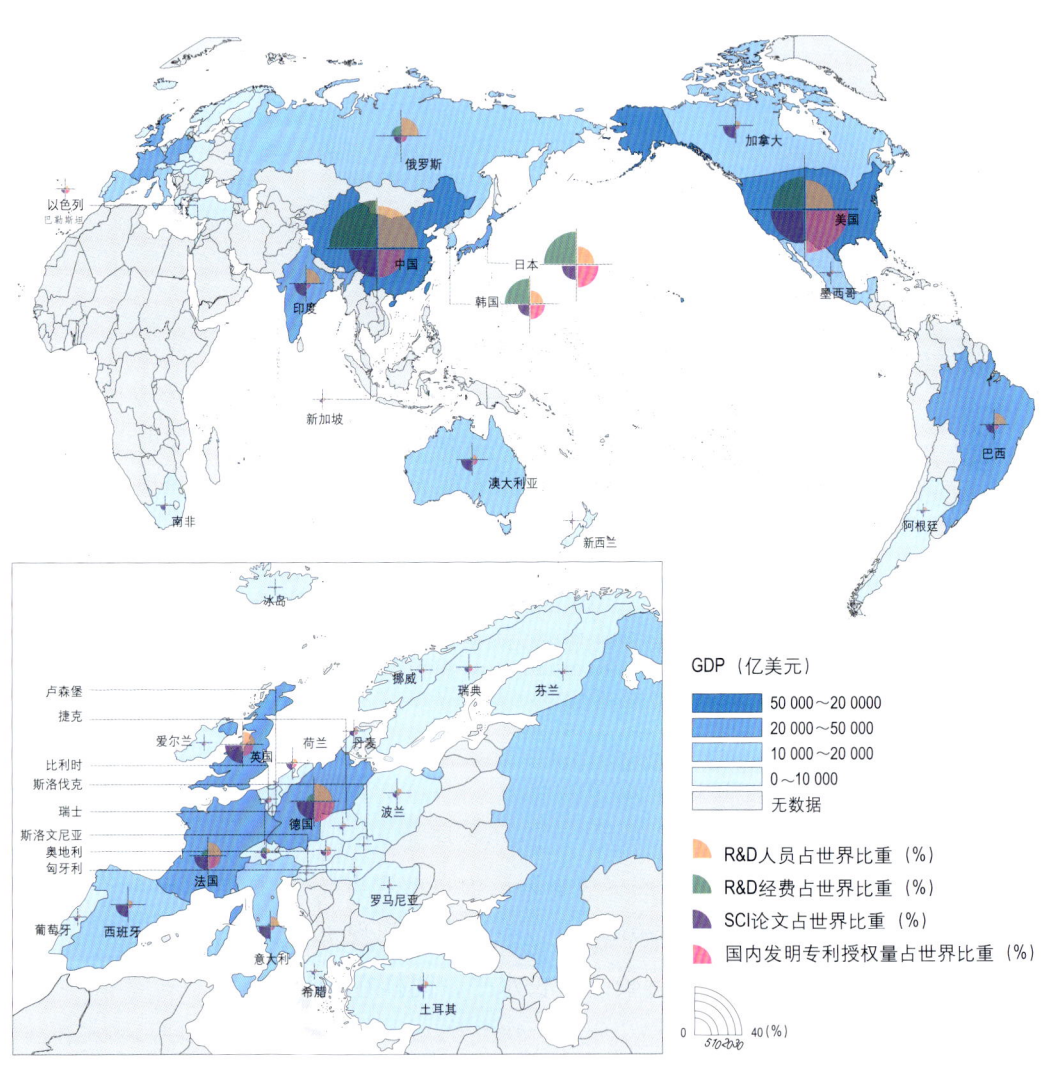

图1-1 GDP、R&D人员、R&D经费、SCI论文与国内发明专利授权量世界分布

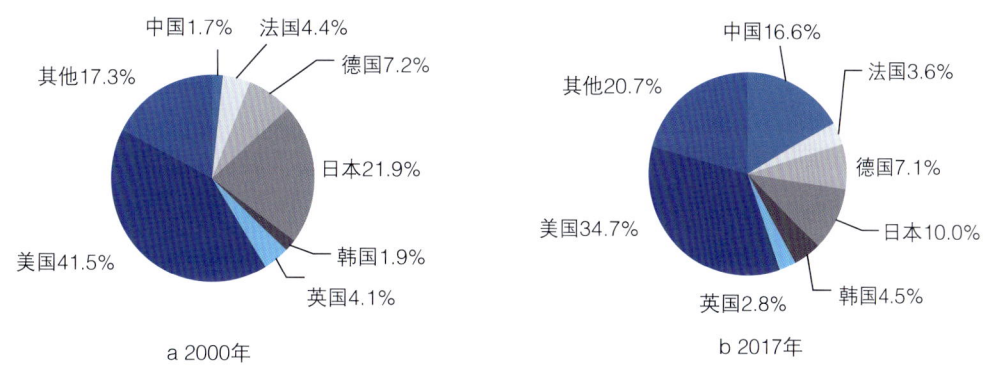

图1-2 部分国家R&D经费占世界份额

中国家的快速崛起，G7国家R&D经费比例显著下降，至61.6%。相比而言，金砖国家R&D经费占全球份额为20.4%，较2000年提升16.6个百分点。

2. R&D经费增速领跑全球

全球创新资源总量不断提升，2000—2017年，全球R&D经费年均增速达到3.3%。从各国情况来看，新兴国家R&D经费增速较快，中国R&D经费年均增速达到15.0%，大幅领先其他国家，韩国（8.4%）、印度（5.5%）、俄罗斯（4.1%）等国家的R&D经费增速均高于世界总体水平，而美国（2.2%）、日本（1.4%）、英国（1.9%）等发达国家的R&D经费增速则低于世界总体水平。

受国际金融危机和欧债危机的影响，美国、日本、英国、德国的R&D经费分别在2009年和2012年左右出现负增长或较低增速，此后，美国、英国、德国R&D经费增速很快回升到正常水平，日本则于2015年和2016年再次出现负增长，2017年增速回到3%的水平。韩国R&D经费一直保持较高增长水平，同样在2015年和2016年增速放缓，2017年回升至11%的历史较高水平。印度R&D经费在2010—2013年处于较低增长水平，2017年出现负增长。相比而言，中国R&D经费增速在2009年达到峰值，2017年低于韩国增长水平（图1-3）。

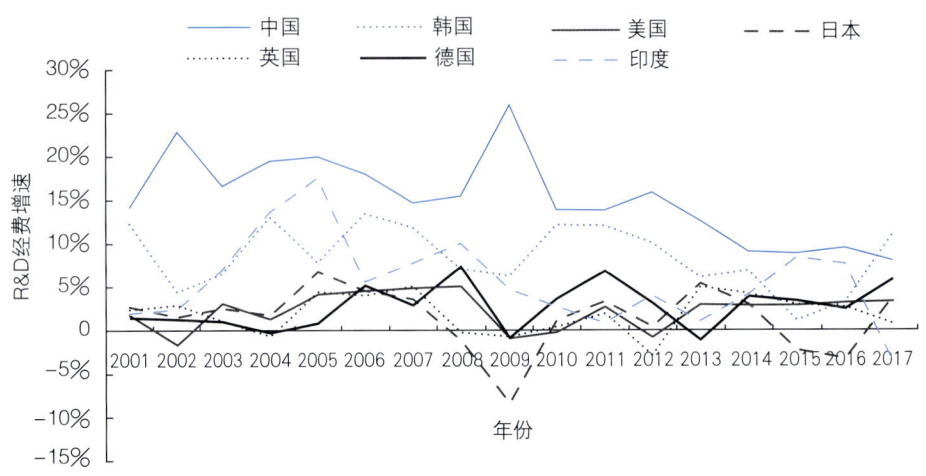

图1-3 部分国家R&D经费增速（2001—2017年）

3. R&D经费投入强度快速提升

R&D经费投入强度（R&D/GDP）是衡量科技创新资源投入的重要指标。近年来，主要发达国家R&D/GDP稳定在较高水平。日本R&D/GDP 长期维持在3%左右，美国维持在2.5%以上的水平，欧盟15国维持在2%左右的水平。新兴国家表现出强劲的增长势头。2000—2017年，韩国R&D/GDP从2.18%快速增长至4.55%，中国R&D/GDP从0.89%快速增长至2.15%。相比而言，印度R&D/GDP稳中有降，2017年为0.6%（图1-4）。

尽管中国R&D/GDP增长迅速，但与主要发达国家仍存在显著差距。从历史发展来看，美国R&D/GDP早在1957年就突破2%，韩国在1994年突破2%，以色列在2001年突破4%。由此可见，中国R&D/GDP相对主要发达国家还有一定的差距。从中国地区分布情况看，中国31个省（区、市）中有9个省（区、市）R&D/GDP突破2%，其中北京高达5.64%，上海达到4.00%，处于较高水平。中国R&D/GDP的快速跃升，标志着中国的投资结构正发生着深刻变化，科技创新已逐步成为经济发展的关键助推器。

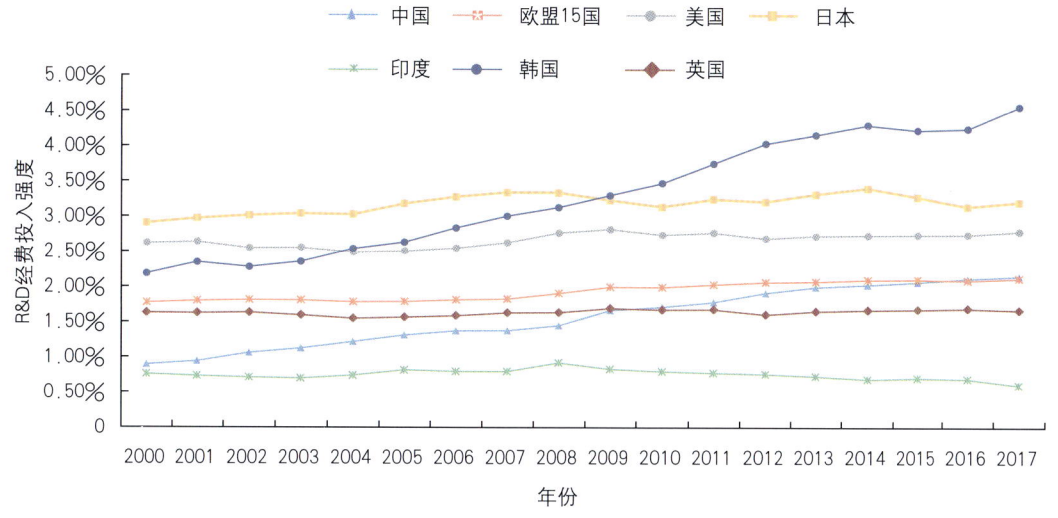

图1-4 部分国家（地区）R&D经费投入强度（2000—2017年）

4. R&D人员总量稳居世界首位

全球R&D人员快速增长，总量约为1288.4万人年，较2000年增长78.6%。全球R&D人员主要集中在亚洲、欧洲和北美洲，亚洲R&D人员占全球总量的48.1%，欧洲R&D人员占30.2%，北美洲占16.5%。与2000年相比，俄罗斯、日本、芬兰、罗马尼亚的R&D人员绝对数量有所下降，其他大部分国家R&D人员总量不断增长。中国、韩国、巴西等新兴经济体R&D人员增长尤为迅速，其年均增速分别达到9.1%、7.5%和6.3%，明显高于全球3.5%的年均增速。

中国R&D人员总量为403.4万人年，占全球总量的31.3%，自2007年起连年居世界首位；美国、日本、俄罗斯均是科技人力资源大国，R&D人员占全球比重分别为14.3%、6.9%和6.0%。

随着新兴经济体的快速崛起，各国R&D人员份额也有了较大变化。2000年，金砖国家R&D人员总量占全球比重仅为32.5%，2017年，该比重提高到44.7%。而同期主要发达国家R&D人员全球份额持续下降，G7国家R&D人员总量占全球比重从50.4%下降至37.1%。

（二）知识创造能力持续增强

知识创造能力反映了一国进行原始创新、技术创新的知识产出水平。通常采用国际科技论文和发明专利等知识产出指标来衡量一国知识创造能力。近年来，中国论文产出和专利产出稳步提高，知识创造能力持续增强。

1. 国际科技论文数量稳居世界第2位[①]

全球SCI论文数量持续增长，达到205.5万篇，是2000年的2.3倍。其中，美国SCI论文数量为41.9万篇，占全球总量的20.4%，稳居世界首位。中国SCI论文数量为33.9万篇，占全球总量的16.5%，居世界第2位。英国和德国SCI论文分别占全球总量的6.1%和5.6%，分列世界第3位、第4位。

2000年以来，各国SCI论文都有不同程度的增长，新兴经济体SCI论文表现出良好增长态势。2000—2017年，中国SCI论文年均增速达到15.3%，巴西、韩国和印度SCI论文年均增速分别为9.2%、9.1%和8.6%，均高于全球SCI论文年均4.9%的增速；美国、德国、英国、法国、日本的SCI论文年均增速分别为2.6%、3.0%、3.1%、2.6%和0.6%，其占全球份额也呈下降趋势（图1-5）。

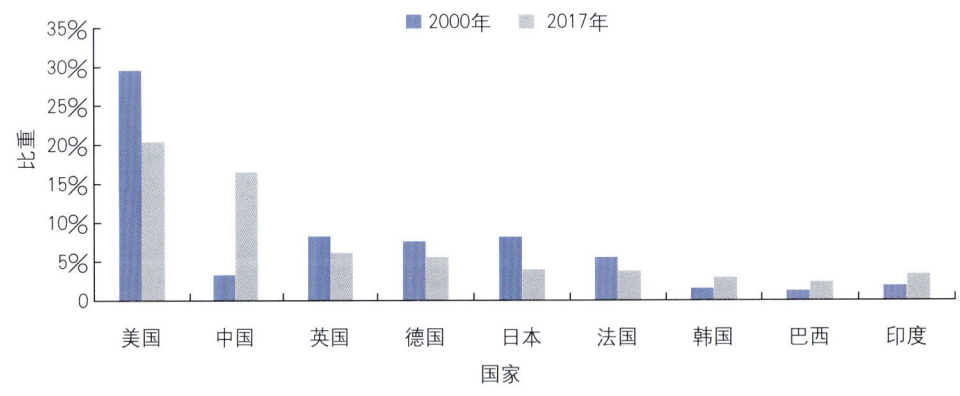

图1-5　部分国家SCI论文总量占世界比重

---

① 　数据来源于科睿唯安，统计口径为全作者，文献类型为Article、Review 2种。

2. 发明专利数量稳居世界首位[①]

全球发明专利主要集中在中国、美国、日本和韩国4个国家，其发明专利之和占全球比重超过90%。中国国内发明专利申请量继续增加，达到124.6万件，占世界总量的58.5%，继续居世界首位；美国国内发明专利申请量居世界第2位，占世界总量的13.8%；日本居第3位，占世界总量的12.2%；韩国居第4位，占世界总量的7.5%。中国国内发明专利授权量为32.7万件，占世界总量的40.9%，居世界首位；日本居第2位，占世界总量的19.6%；美国居第3位，占世界总量的18.9%；韩国居第4位，占世界总量的11.4%。

2000年以来，全球发明专利申请量和授权量保持增长，中国、韩国、印度等新兴经济体表现出良好的增长势头，也有部分国家出现负增长。中国国内发明专利申请量、授权量年均增速分别达到25.7%和26.3%。在2000—2017年全球国内发明专利增量中，中国对申请量的贡献为92.4%，对授权量的贡献为62.6%。相比而言，日本国内发明专利申请量自2005年起进入下降通道，2017年较2000年下降29.3%，国内发明专利授权量自2013年以来处于波动下降状态，2017年仅为2013年的69.5%，较2000年增长39.7%（图1-6）。

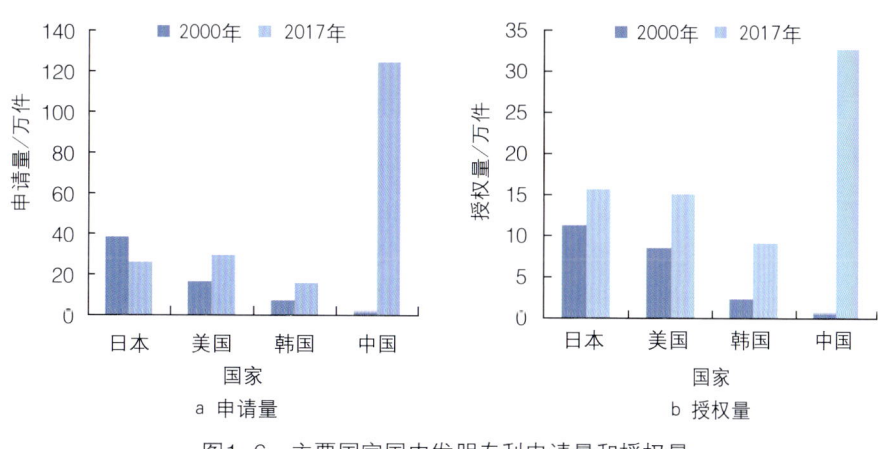

图1-6 主要国家国内发明专利申请量和授权量

尽管中国国内发明专利规模指标已全球领先，但是从发明专利密度来看，中国与

[①] 中国国内发明专利申请与授权数量中包含港澳台地区数据。

韩国、日本、美国等国家相比仍存在一定差距。从发明专利申请量来看，韩国每万人口国内发明专利申请量为30.9件/万人，日本为20.5件/万人，美国为9.0件/万人，中国为9.0件/万人。从发明专利授权量来看，韩国每万人口国内发明专利授权量为17.7件/万人，日本为12.4件/万人，美国为4.6件/万人，中国为2.4件/万人。

（三）科技创新对经济发展的贡献日益显著

改革开放以来，中国经济快速发展，一跃成为世界第二大经济体。庞大的经济规模为创新发展提供了资源保障，中国科技创新日新月异。科技的进步，为经济发展注入了源源不断的活力，成为经济社会发展的重要支撑力。

1. 科技进步贡献率稳步增长

党的十九大报告指出，中国经济已由高速增长阶段转向高质量发展阶段，正处在转变发展方式、优化经济结构、转换增长动力的攻关期。科技进步贡献率指标是反映科技进步对经济增长贡献的重要指标。2016年，科技进步贡献率指标被纳入《国民经济和社会发展第十三个五年规划纲要》。《中国科技统计年鉴2018》数据显示，近年来中国科技进步贡献率稳步提升，2017年达到57.8%[①]，较上年提高1.4个百分点，比2006年提高13.5个百分点。这反映了科技在推动中国经济发展方式转变、经济结构优化与动力转化过程中扮演越来越重要的角色。

2. 科技成果转化水平不断提升

科技成果转化是科技促进经济发展的重要基础。技术市场交易是连接科研和生产的桥梁与纽带，是科技成果转化的重要依托。长期以来，中国技术市场在促进国内科技资源优化配置、加速知识流动和技术转移、促进科技与经济结合等方面发挥着越来越重要的作用。2017年，中国技术市场交易空前活跃，技术市场签订技术合同数达到36.8万项，较上年增加14.7%；技术合同成交金额快速增长，达到13 424亿元，较上年增加17.7%。

---

① 2017年科技进步贡献率是根据2012—2017年相关数据测算的5年平均值。

3. 产业结构继续优化

在深化供给侧结构性改革的过程中，科技创新发挥着举足轻重的作用。知识密集型产业包括高技术产业和知识密集型服务业，聚集着高端技术设备和高级知识人才，是供给侧结构性改革和产业转型升级的重要支撑。2016年，中国知识密集型产业增加值占世界比重为19.0%，较2010年翻一番。高技术产业作为国民经济的战略性主导产业，近年来实现了快速增长。中国高技术产业主营业务收入持续攀升，2016年突破15万亿元，2017年达到15.9万亿元，比2012年增长55.8%；中国高技术产业出口占制造业出口的比重达到23.8%。

二、中国创新在世界中的位置

全球创新格局从美欧主导向美欧亚三足鼎立演变。中国在中高收入阶段国家中表现突出，综合创新指数排名第15位，比上年提升2位。相比美国、日本和韩国等创新强国，中国创新指数得分还相对较低，但差距在缩小。下一步，随着国家从高速增长向高质量发展阶段转变，全面深化科技体制改革，坚持国际科技创新开放合作，中国创新将进一步释放发展潜力，提升创新发展质量和效率，支撑和服务创新型国家和世界科技强国建设。

当前，世界经济增长逐渐复苏，但贸易保护主义和单边主义的抬头给全球经济社会发展带来较大的不确定性。在此背景下，科技创新对国家竞争力的支撑引领作用更为凸显。全球研发投入和科技创新成果持续增长，主要发达国家研发活动恢复较快增长，以中国为代表的新兴经济体技术保持快速追赶态势，创新多极化趋势日益显现。

为系统地比较分析世界主要国家的创新能力，研判中国在国际科技创新格局中的地位，《国家创新指数报告》从创新资源、知识创造、企业创新、创新绩效和创新环境5个方面构建了评价指标体系，使用权威的国际组织和国家官方统计调查数据，针对全球40个国家，全面反映各国科技创新投入、产出和支撑经济社会发展能力。

（一）世界创新格局从美欧主导向美欧亚三足鼎立演变

国家创新指数是反映一个国家科学、技术和创新能力的综合指数。综合分析国家创新指数历年评价结果可以发现，评价的40个国家可划分为3个集团，综合指数排名前15位的国家主要为欧美发达经济体，均为公认的创新型国家，属于第一集团；第16位～第30位为其他发达国家和少数新兴经济体，属于第二集团；第31位～第40位多为发展中国家，属于第三集团（图2-1）。

从各国创新指数总体排名来看，美国优势全面，无疑仍是世界创新能力最强的一极，国家创新指数综合排名继续占据首位，5个一级指标均居前3位之内，创新绩效和创新环境则排名第1位。欧洲地区是创新能力整体表现强劲的区域，9个国家进入第一集团，第二集团国家也主要被欧洲国家占据。其中，瑞士综合指数排名第4位，较上年下降1位；丹麦、德国分别排名第5位和第6位，相比上年排名位次互换；瑞典、法国分别排名第7位和第13位，排名不变；荷兰、英国分别排名第9位和第10位，比上年分别上升3位和1位。亚洲地区主要国家表现优异，日本和韩国依托其突出的企业创新表现和知识创造能力，分居第2位和第3位；以色列综合排名第8位，与上年持平；新加坡企业创新和创新环境有所下降，综合排名下降2位至第11位；中国创新资源和创新绩效排名分别提高6位和3位，综合排名第15位，成为亚洲乃至世界创新发展亮点；

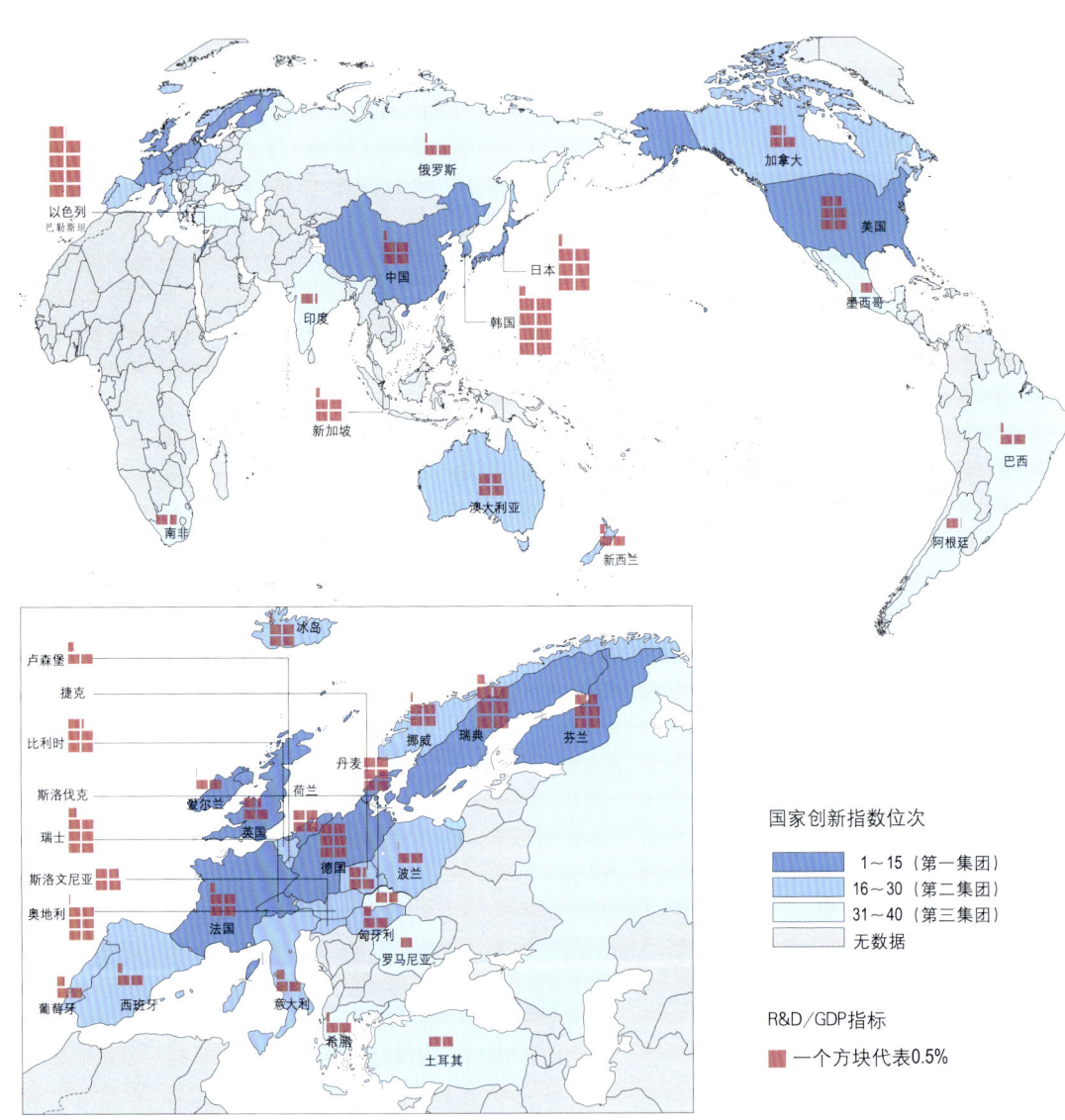

图2-1　全球创新能力分布情况（2017年）

印度排名第39位，创新环境改善，排名提升2位至第19位，近年来其经济社会发展迈入快车道，未来发展前景被普遍看好。

测算结果表明：当前世界创新格局依然较为稳定。与上年相比，跨集团变动的国家较少。第一集团国家包括：美洲1席，为美国；亚洲5席，为日本、韩国、以色列、新加坡和中国；欧洲占据9席，为瑞士、丹麦、德国、瑞典、荷兰、英国、芬兰、法国和爱尔兰。其中，仅有中国从上年第17位上升2位进入第一集团国家，上年属于第一集团国家的奥地利则下降4位至第18位，落入第二集团国家。第二集团和第三集团之间，波兰从上年第31位上升2位至第29位，进入第二集团国家，希腊下降1位至第31位，落入第三集团国家。其他仅为集团内部排位的小幅变化（表2-1）。

表2-1 国家创新指数排名按3个集团分布

排名	第一集团	排名变化	排名	第二集团	排名变化	排名	第三集团	排名变化
1	美国	0	16	挪威	0	31	希腊	-1
2	日本	0	17	卢森堡	3	32	俄罗斯	1
3	韩国	1	18	奥地利	-4	33	罗马尼亚	-1
4	瑞士	-1	19	冰岛	-1	34	斯洛伐克	1
5	丹麦	1	20	比利时	-1	35	土耳其	-1
6	德国	-1	21	澳大利亚	0	36	南非	0
7	瑞典	0	22	新西兰	0	37	墨西哥	0
8	以色列	0	23	斯洛文尼亚	0	38	巴西	1
9	荷兰	3	24	加拿大	0	39	印度	-1
10	英国	1	25	意大利	0	40	阿根廷	0
11	新加坡	-2	26	西班牙	0			
12	芬兰	-2	27	捷克	0			
13	法国	0	28	葡萄牙	0			
14	爱尔兰	1	29	波兰	2			
15	中国	2	30	匈牙利	-1			

（二）中国在中高收入阶段国家中优势突出

中国综合创新能力国际排名第15位，比上年提高2位，是唯一进入前15位的发展中国家。从不同国家经济发展阶段比较来看，中国人均GDP为8827美元，在40个国家中仅高于印度和南非。但是，中国创新指数得分已接近人均GDP在5万美元左右的欧洲国家（图2-2）。也就是说，中国创新能力大幅超越处于同一经济发展水平的国家。

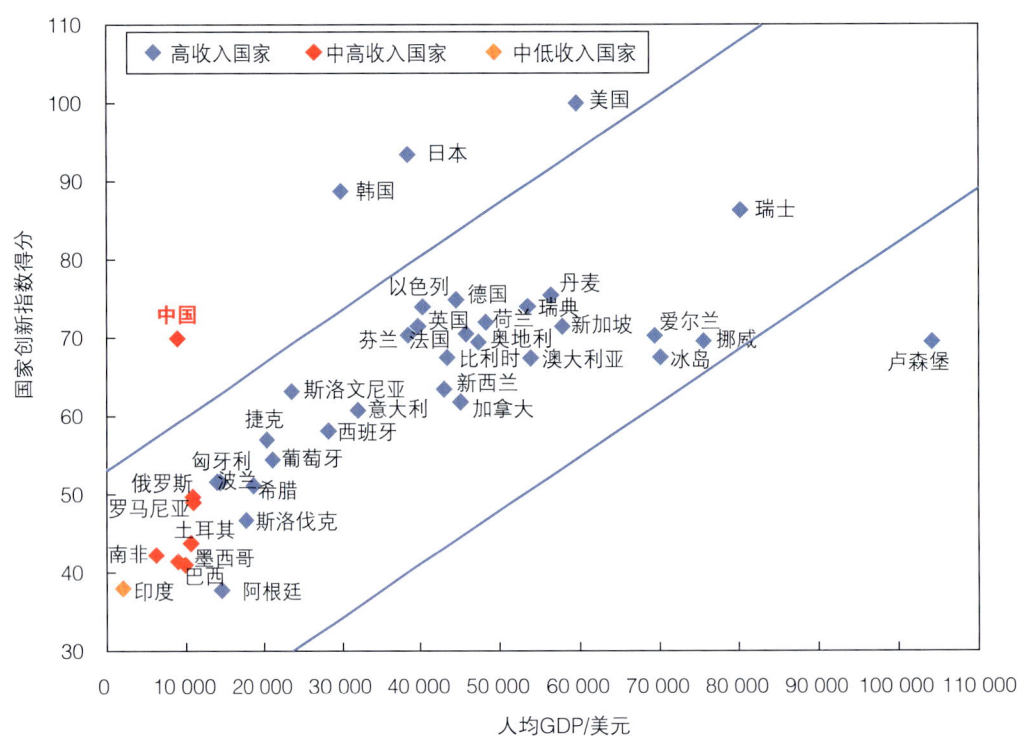

图2-2　各国人均GDP与国家创新指数

国家创新指数得分与国家经济发展阶段密切相关。从图2-2可以看到，各国创新指数排名与人均GDP存在较为显著的正相关关系，即人均GDP越高的国家，其创新指数得分也相对较高。多数国家落在图2-2中两条虚线所夹的长条地带内，这是国家正常发展的通道。只有少数几个国家出现在这个通道的上方，包括美国、日本、韩国和中国。这些国家有一个相似的特点，即政府高度重视科学技术和创新战略在国家发展中的作用。美国实行确保在全球科技领域全面领先的战略，日本则更加重视技术立国和知识产权立国的发展战略，韩国保持高强度研发投入，扶持大企业集团在特定领域重点突破。

世界银行和国际货币基金组织等国际机构普遍采用人均GDP作为划分世界各个国家发展阶段的主要指标。分析40个国家的人均GDP数值发现，与中国发展阶段相近的中高收入国家有南非、墨西哥、巴西、土耳其、俄罗斯和罗马尼亚（表2-2）。总体来看，中国人均GDP还处于相对较低水平，但创新能力综合表现远高于其他国家，是唯一一个R&D投入强度超过2%、综合排名进入第一集团的国家，其他6个国家综合排名全部处于第三集团。中国总体创新实力大幅领先，R&D经费支出规模大约是6个国家总和的4.5倍，有效发明专利拥有量约为6国总和的7.8倍，但是从主要效率指标分析可以发现，中高收入国家存在科技创新产出效率较低的共同短板。在这7个国家中，中国国际专利产出效率还低于南非，论文产出效率和劳动生产率甚至处于明显落后的位置。

表2-2 中国与主要中高收入国家指标比较（2017年）

国家	国家创新指数排名	人均GDP/美元	研发经费投入强度	万名研究人员科技论文数/（篇/万人年）	万名企业研究人员PCT专利申请数/（件/万人年）	劳动生产率/（万美元/人）
中国	15	8827	2.15%	1949.1	463.2	1.58
南非	36	6151	0.80%	5285.3	617.5	2.16
墨西哥	37	8910	0.49%	5305.7	368.7	2.98
巴西	38	9821	1.12%	2718.5	122.9	1.81
土耳其	35	10 540	0.96%	2611.9	200.8	3.06
俄罗斯	32	10 743	1.11%	924.4	54.7	2.19
罗马尼亚	33	10 818	0.50%	4522.2	69.4	2.44

金砖国家作为新兴国家的代表，受到国际社会的关注。除中国外，金砖国家排名均在30名之后。俄罗斯列第32位，处于第三集团中的领先位置。南非、巴西和印度在40个国家中仍处于靠后的位置，分列第36位、第38位和第39位。

中国的创新资源、知识创造、企业创新、创新绩效4个一级指标在金砖国家中处于优势地位，仅创新环境方面排名略低于印度。具体来看，中国创新资源领先于俄罗斯3.5分，这主要得益于中国研发经费投入的持续增长，但是在研发人力投入强度、科技人力资源培养水平方面较俄罗斯仍有一定的差距。在知识创造方面，中国排名第7位，得分为51.6分，高于处于第16位的南非7.9分。在企业创新方面，中国位于第11位，得分为57.1分，而处于金砖国家中第二位的俄罗斯排名第21位，得分为42.3分。在创新绩效方面，中国居第15位，得分为60.8分，领先排名第28位的巴西22.5分，中国相对优势明显。在创新环境方面，中国得分为80.7分，排名第20位，比得分为81.5分的印度低1位（图2-3）。

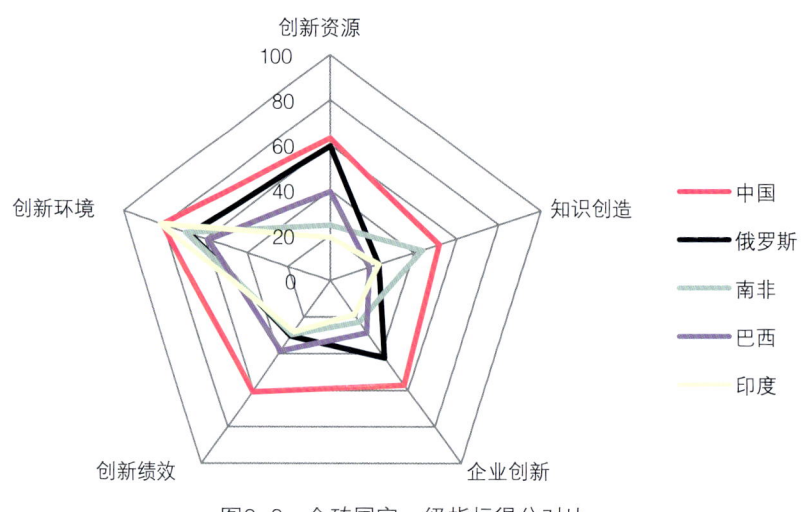

图2-3　金砖国家一级指标得分对比

总体看来，在发展中国家阵营中，中国进步步伐最快。中国突出表现了大国创新的优势和特征，R&D经费投入一直处于快速上升通道中，科研创新人员数量在全球范围内已占有绝对优势，专利、论文等科技产出规模已经位列世界前列，但在科技创新质量和效益方面还有一定差距。中国需继续保持全社会创新资源相对较快速度的增长态势，逐步实现从低成本要素驱动向高质量创新驱动的转变，支撑中国未来发展。

（三）中国发展潜力在于创新质量变革和开放合作

中国创新能力取得了显著进步。从图2-4可以看到，中国国家创新指数从2000年的第38位，逐渐上升到第15位，整体处于持续向上趋势。特别是从2009年以来，没有过多地受到全球经济低迷的影响，显示出21世纪以来中国综合创新能力在不断提升。2017年，中国国家创新指数得分为69.9分，与英国、法国、爱尔兰等排名第10位～第14位国家间的差距为0.4～1.6分，差距进一步缩小。因此，从国家创新指数得分及发展趋势来看，中国创新能力提升前景仍十分乐观。

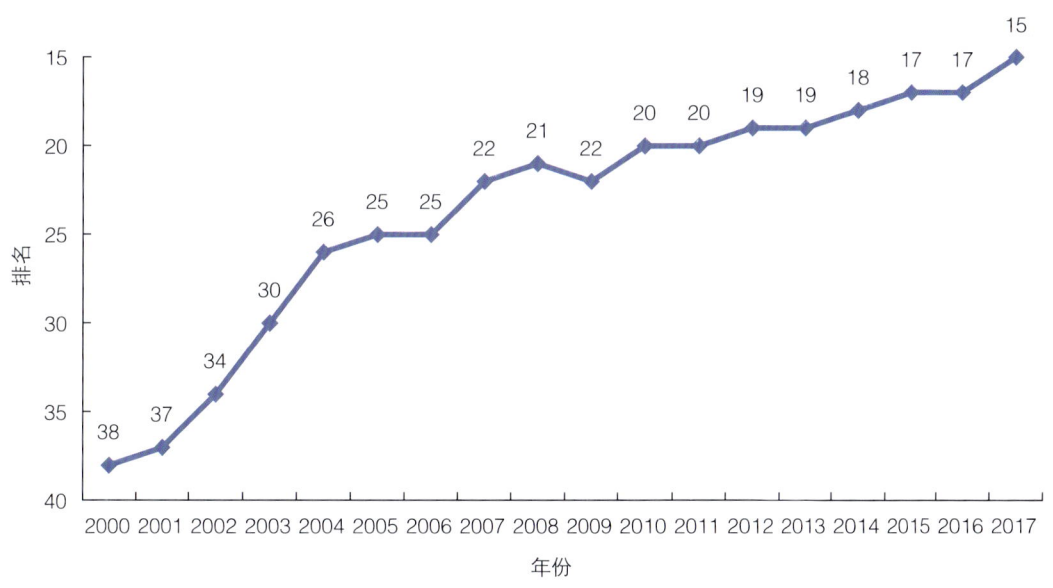

图2-4 中国国家创新指数排名变化

中国创新指数5个一级指标，均取得了不同程度的进步（表2-3）。自2005年以来，表现相对最为突出的是知识创造，由于中国的论文、专利等科研知识产出快速增长，带动中国知识创造排名迅速提升，从2005年的第37位跃居到第7位，排名提升了30位。创新绩效排名则提升了14位，2017年排名第15位，这得益于中国近年来知识产权成果的大幅增加和知识密集型产业的快速发展。企业创新仍排名第11位，比2005年提高了6位，反映了"十一五"以来中国企业创新能力的持续增强，企业国际竞争力不断提高。创新环境整体增强，排名从第27位升至第20位。创新资源排名近年来也表现出较快提升的态势，"十一五"期间，中国创新资源排名第30位左右，2007—2008

年排名最低至第33位，进入"十二五"后，排名进入前30位，2017年排名升至第19位，比2012年提升了11位。

表2-3 中国国家创新指数一级指标排名

年份	创新资源	知识创造	企业创新	创新绩效	创新环境	国家创新指数排名
2005	31	37	17	29	27	25
2006	32	34	17	28	28	25
2007	33	34	14	28	27	22
2008	33	33	12	25	23	21
2009	31	32	18	24	16	22
2010	30	29	15	18	18	20
2011	30	24	15	14	19	20
2012	30	18	15	14	14	19
2013	29	19	13	11	13	19
2014	27	12	12	11	19	18
2015	28	8	11	12	20	17
2016	25	7	11	18	16	17
2017	19	7	11	15	20	15

相比美日韩等创新强国而言，中国由于基础薄弱、创新资源积累不足，创新指数得分仍相对较低，未来国家整体创新能力和实力还存在进一步提升的空间。中国除创新环境外的4个一级指标得分均为60分左右[①]（图2-5）。中国知识创造、企业创新2个一级指标得分在60分以下，分别为51.6分、57.1分。创新资源和创新绩效从上年低于60分分别提高至63.0分、60.8分。比较上年得分来看，中国在复杂的全球政治经济形势下总体保持了上升态势，只有企业创新、创新环境分别下降了2.6分、4.3分，创新资源、知识创造和创新绩效3个一级指标得分分别上升了3.8分、0.4分和4.9分，与排名第一的美韩差距缩小。中国创新指数得分及其变化既表明了中国与一级指标排名第一的美国、日本和韩国的显著差距，也表明中国创新能力未来进一步提升的潜力。

---

① 采用标杆分析法计算，40个国家中指标值最大的国家得分为100。

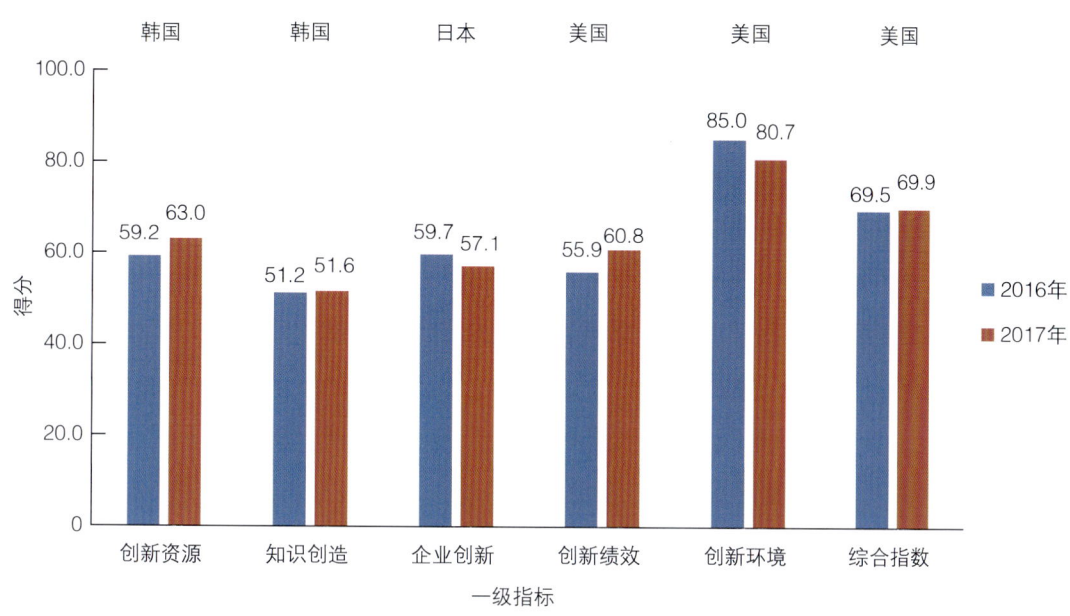

图2-5 中国国家创新指数得分与排名第一国家的差距

中国创新能力的提升潜力来源于创新质量的提高。经过多年的快速发展，中国科技创新规模已跃居世界前列，2013年，中国R&D经费投入总量超越日本，成为世界第二大R&D经费投入国，从2005年不到美国R&D经费投入总量的10%增加到2017年的约48%，科技论文产出和发明专利拥有量与美国的差距也迅速缩小。质变来源于量变，未来随着中国向高质量发展阶段的转变，科技创新投入产出质量和影响力不断提高，中国创新能力与欧美发达国家的差距必将逐步缩小，成为世界主要的科技创新成果供给国。

中国创新能力的提升潜力来源于创新效率的增长。受中国人口规模和发展阶段的影响，涉及人均资源投入或产出的相对指标，如科技论文等知识产出效率、劳动生产率所反映的经济产出效率及单位能耗产值所反映的能源产出效率，中国不仅低于OECD国家，也低于巴西、南非等国家。这指明了中国未来创新能力提升的重要方向。随着教育和信息化水平的提升，人口红利和成本优势向技术优势和高素质人才优势转变，新阶段的信息化红利和科技人力资源红利将助推中国创新能力的进一步跃升。

中国创新能力的提升潜力来源于日益深化的开放创新。国家发展规模和空间在一定程度上体现了科技创新的潜力大小。随着经济社会的繁荣和全面开放，中国国内国际创新空间不断拓展。中国自2010年以来稳居全球第二大经济体并保持中高速增长态势，2018年，中国GDP占全球的比重已达到16%左右。随着科研基础设施向社会开放共享，数据开放共享机制的建立完善，大数据优势为中国在未来信息化、数字化社会创新发展，引领新一代科技革命和产业变革提供了重要机遇。庞大的经济和信息规模既为创新活动提供了巨大需求，也为创新成果的商业应用提供了庞大的市场空间。中国科技创新"引进来""走出去"全面推进，中国已成为世界第一大外国直接投资的流入国，"一带一路"科技创新合作正在从理念转化为行动，国际创新创业合作网络不断完善，为中国创新发展提供更广阔的空间。

中国创新能力的提升潜力来源于全面深化改革释放的创新活力。近年来，中国政府全面深化科技体制改革，重大举措不断取得突破性进展。中央强力推动简政放权，稳步推进机构改革，全面实施项目评审、人才评价、机构评估机制改革，构建科学的评价体系，形成国家科技管理新格局。通过财政科技计划改革、科技项目经费管理、自主创新示范区试点政策的推广等系列改革措施，有力促进了创新驱动发展战略的实施。政府各部门加大对小微企业的融资支持、落实高新技术企业税收减免和研发费用加计扣除等创新支持政策，加快科技领域"放管服"，全社会掀起了"大众创业、万众创新"热潮，这些都有利于中国创新活力的释放。

总之，中国创新能力发展仍处于较快提升态势，中国需要保持R&D经费投入持续增长，深入落实科技体制改革措施，完善科技创新法规和政策体系，发挥国内市场规模优势和开放合作潜力，引导和支撑科技创新向高质量发展转变，不断提升全社会创新绩效和生产效率，以进一步深入推进创新型国家的建设。

三、国家创新指数指标评价

中国创新资源分指数排名第19位，比上年大幅提高6个位次，在5个一级指标中进步最大，正向第二集团的前列靠近。研发经费投入国际领先，信息化发展水平进步显著。亚洲发达国家排名领先，韩国、日本、以色列和新加坡处于第一集团。金砖国家的创新资源排名整体落后。

中国知识创造分指数得分小幅提升，国际排名继续列第7位。5个二级指标的排名也与上年完全一致。美日韩继续保持前三甲领先位置。专利产出优势明显，论文产出效率有待提升。中日韩领跑亚洲国家，金砖国家排名两极分化，南非进入第二集团前列。

中国企业创新分指数排名连续3年居第11位。企业研发人员投入增速放缓，企业R&D研究人员占全社会R&D研究人员比重的排名较上年下降4个位次。PCT申请跃居世界第2位，产出效率还相对落后。日本企业创新全面领先，一级和二级指标全部位列前5强。

中国创新绩效分指数排名第15位，扭转了下降态势，较上年提高3个位次。高技术产业出口占制造业出口比重排名从上年第6位升至第2位。知识密集型产业优势突出，劳动生产率和单位能源消耗的经济产出排名落后，转变发展方式面临较大压力。亚洲国家排名基本稳定。俄罗斯、巴西和印度的知识密集型产业增加值具有比较优势。

中国创新环境分指数在一级指标中得分最高，但国际排名最低，再次降至第20位。10个二级指标中，排名进入前10位的指标仅有2个。职业培训质量和市场垄断程度2个指标进步较大，分别提升了7个位次和4个位次。金砖国家表现欠佳，无一进入第一集团。

（一）创新资源投入进步显著

创新资源涵盖了全社会对创新的投入力度、创新人才资源的储备状况及创新资源配置结构，是一个国家持续开展创新活动的基本保障。创新资源分指数采用研究与发展经费投入强度、研究与发展人力投入强度、科技人力资源培养水平、信息化发展水平、研究与发展经费占世界比重5个二级指标，分别从人、财、物3个方面对国家创新资源配置能力进行评价。

1.中国排名大幅上升，第一集团国家构成保持稳定

中国创新资源分指数排名第19位，比上年大幅提高6个位次（图3-1）。在国家创新指数包含的5个一级指标中，中国创新资源的国际排名进步最大，正向第二集团的前列靠近。创新资源排名的上升，主要是表征创新资源的5个二级指标中，信息化发展水平的国际排名和得分较上年有明显提升。其他4个指标的排名均与上年相同。

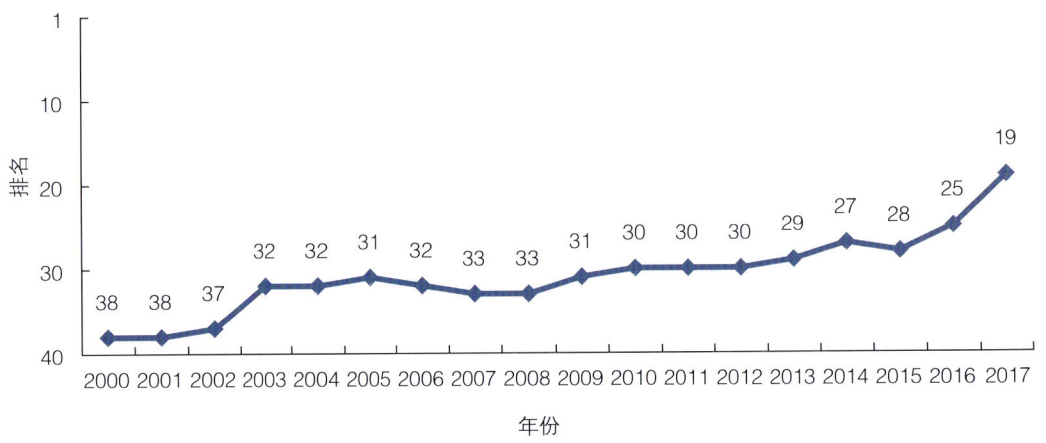

图3-1 中国创新资源分指数世界排名

创新资源分指数排名前15位的国家依次为韩国、美国、丹麦、日本、以色列、瑞典、瑞士、芬兰、德国、奥地利、冰岛、挪威、新加坡、澳大利亚和荷兰。与上年相比，这些国家出现的唯一变化是澳大利亚取代比利时进入创新资源第一集团。日本的排名上升较明显，从上年第8位升至第4位。

2.研发经费投入国际领先,信息化发展水平进步显著

从中国在5个二级指标方面的国际排名情况来看,2017年进入世界前15位的指标仍然只有2个,而且均与研发经费投入相关。研究与发展经费占世界比重居于世界第2位;研究与发展经费投入强度居于第14位。与人力相关的2个指标在排名上仍然落后。研究与发展人力投入强度居于第33位;科技人力资源培养水平居于第36位。排名变化最大的是信息化发展水平,从上年的第33位提升至第16位(图3-2)。

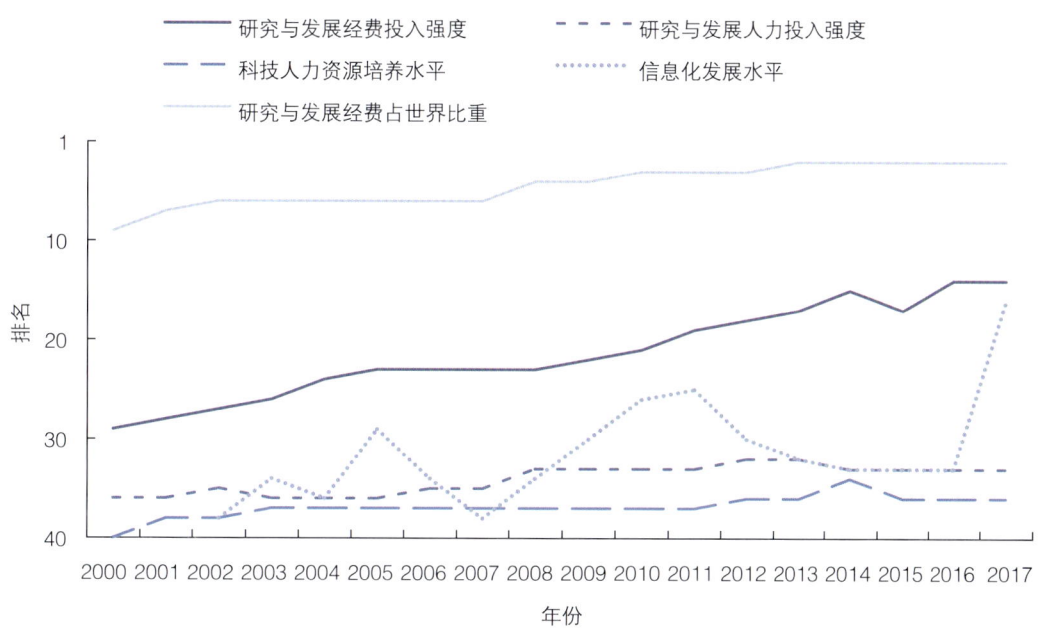

图3-2 中国创新资源分指数构成指标的世界排名演变

创新资源下设的5个二级指标的发展很不均衡。中国的研发经费投入规模近年来一直处于世界前列,已稳定占据全球第二的位置。近几年,研发经费投入强度也稳步上升到世界中上游水平。而在人力投入方面,虽然科技人力资源总量和研发人员总量已处于世界领先位置,但高等教育毛入学率和研发人力投入强度2个指标的表现不佳,国际排名多年来一直处于落后位置,没有较明显的转变。

3.亚洲发达国家排名领先,金砖国家排名整体落后

在国家创新指数评价的6个亚洲国家中,韩国、日本、以色列和新加坡处于创新资源分指数排名的第一集团,分别列第1位、第4位、第5位和第13位。日本排名上升

较快，较上年提高4个位次。中国处于第二集团中间位置。印度处于第三集团，排名第40位。从变化趋势看，自2000年以来，中国和韩国的进步最明显，分别从第38位和第10位提升至第19位和第1位。

金砖国家在创新资源投入方面普遍落后，在40个主要国家中排名靠后。俄罗斯创新资源排名第26位，较上年提升1个位次；巴西、南非和印度分别排名第36位、第39位和第40位，与上年位次相同。

（二）知识创造水平继续领先

知识创造水平是国家创新能力的直接体现，反映了一个国家的科研产出能力和科技整体实力。知识创造分指数选择了学术部门百万研究与发展经费科学论文被引次数、万名研究人员科技论文数、有效发明专利数量占世界比重、百万人口发明专利申请数、亿美元经济产出发明专利授权数5个二级指标，用来评价国家知识创造和应用水平。

1.中国排名保持不变，美日韩继续保持领先位置

中国的知识创造分指数与上年相比，得分小幅提升，世界排名仍居第7位（图3-3）。知识创造分指数下设的5个二级指标的排名也与上年完全一致。与专利产出相关的有效发明专利数量占世界比重、百万人口发明专利申请数、亿美元经济产出发明专利授权数3个指标排名领先，分别居第3位、第4位和第3位。与论文产出相关的2个指标排名落后，学术部门百万研究与发展经费科学论文被引次数排名第30位，万名研究人员科技论文数排名第36位。

知识创造排名前15位的国家依次为韩国、日本、美国、斯洛文尼亚、意大利、瑞士、中国、新西兰、罗马尼亚、冰岛、澳大利亚、英国、爱尔兰、荷兰和匈牙利。15个国家中的唯一变化是爱尔兰取代西班牙进入第一集团，排名第13位。排名居前5位的国家与上年位次完全相同。

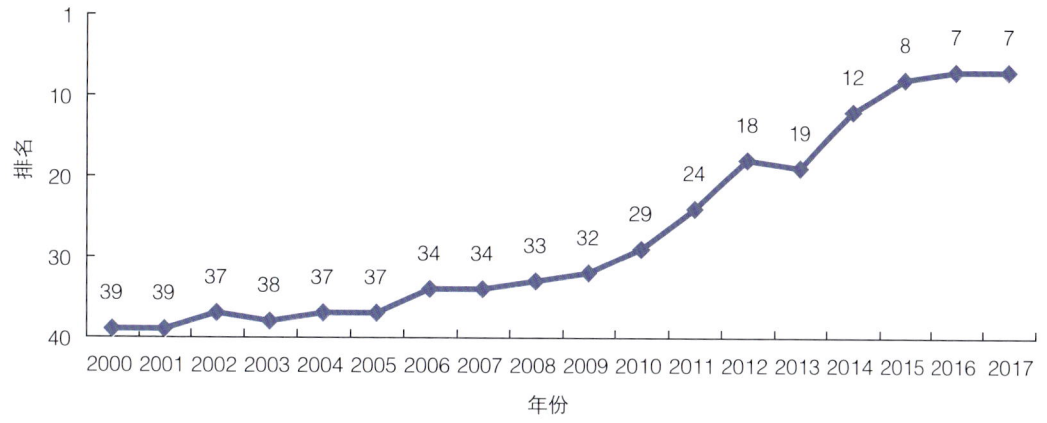

图3-3 中国知识创造分指数世界排名

2.专利产出优势明显，论文产出效率有待提升

知识创造下设的5个二级指标主要反映论文与专利的产出规模与效率。从中国在5个二级指标国际排名的表现看，与专利相关的3个指标排名靠前，与论文相关的2个指标排名落后。有效发明专利数量占世界比重、百万人口发明专利申请数和亿美元经济产出发明专利授权数3个指标已连续4年排名稳居世界前5位。学术部门百万研发经费科学论文被引次数和万名研究人员科技论文数则分别排名第30位和第36位，处于落后位置（图3-4）。

从5个二级指标的变化趋势看，与2000年相比均有不同程度的上升。亿美元经济产出发明专利授权数排名上升较快，2000年以来提升了12个位次。百万人口发明专利申请数的提升幅度最明显，从2000年的第35位上升到2016年的第4位。学术部门百万研发经费科学论文被引次数和万名研究人员科技论文数排名上升速度较慢，仅提升8个位次和4个位次，并且一直处于第三集团。这表明中国的国际论文产出效率和整体影响力仍有待进一步提升。

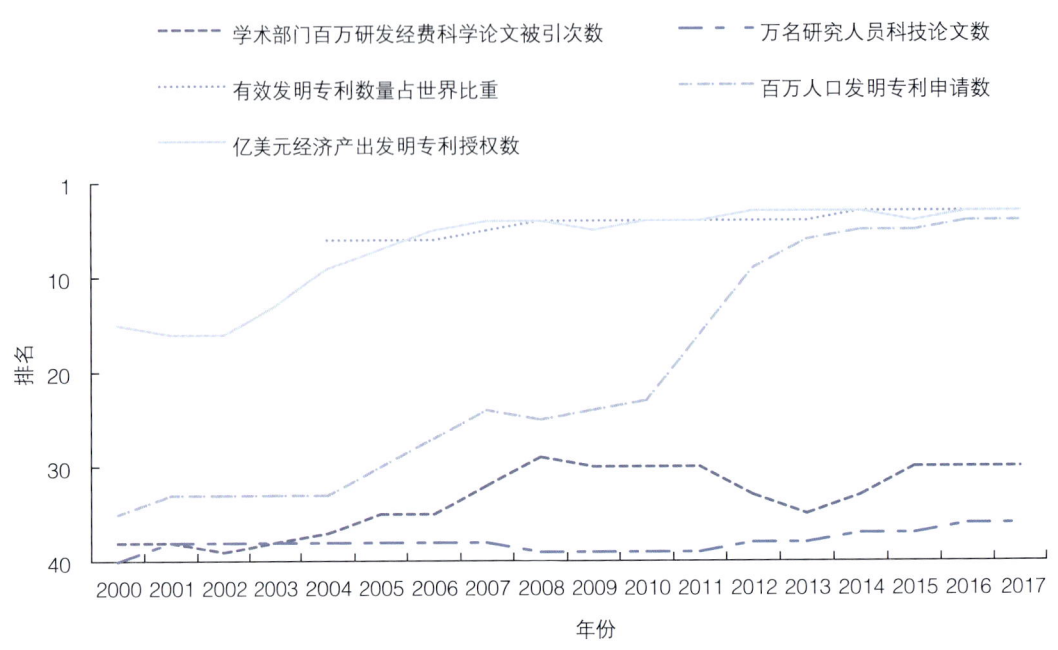

图3-4 中国知识创造分指数构成指标的世界排名演变

3.中日韩领跑亚洲国家，南非进入第二集团前列

亚洲国家中，韩国、日本和中国的知识创造分指数排名保持领先，分列第1位、第2位和第7位。新加坡、以色列和印度的排名比较落后，分列第26位、第33位和第36位。其中新加坡的进步最大，较上年提升5个位次，但除了百万人口发明专利申请数这1个指标排第6位，其他指标排名均在第20位之后。以色列的5个二级指标均未进入第一集团，特别是万名研究人员科技论文数指标排在第35位。从2000年以来的排名变化看，中国提升速度最快，从第39位上升到第7位，提升了32个位次。

在金砖国家中，中国的表现一枝独秀，是唯一进入第一集团的国家。南非处于第二集团，排第16位，较上年提升4个位次。俄罗斯、印度和巴西的知识创造全球排名多年来始终处于全球40个国家中的后10位，分列第37位、第38位和第39位。

（三）企业创新能力保持稳定

企业是开展创新活动的重要主体，也是国家创新体系的重要组成部分。企业创新的规模和质量,在很大程度上代表着一个国家的创新能力与水平。本报告主要从国家角度测度企业的创新活动,采用了三方专利数量占世界比重、企业研究与发展经费与增加值之比、万名企业研究人员PCT专利申请数、综合技术自主率、企业R&D研究人员占全部R&D研究人员比重5个指标。

1.中国排名连续3年不变,第一集团国家与上年相同

中国的企业创新分指数排名与上年相同,继续居第11位(图3-5)。中国的排名位次已连续3年保持不变。而在表征企业创新的5个二级指标中,有4个指标的排名与上年相同,1个指标的排名出现下降。三方专利数量占世界比重、企业研究与发展经费与增加值之比、万名企业研究人员PCT专利申请数、综合技术自主率4个指标排名没有变动,分别居第4位、第15位、第22位和第12位;企业R&D研究人员占全部R&D研究人员比重的排名出现明显下降,从第7位降至第11位。

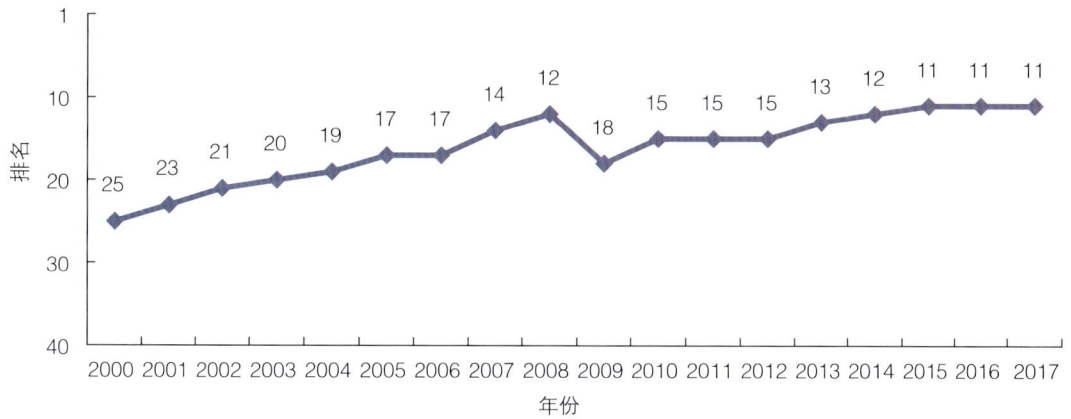

图3-5 中国企业创新分指数世界排名

企业创新分指数排名前15位的国家分别是日本、美国、韩国、以色列、德国、法国、瑞典、奥地利、瑞士、芬兰、中国、丹麦、斯洛文尼亚、比利时和卢森堡。这15个国家均与上年完全一致,其中前5位国家的排名位次与上年相同,其他国家的排名位次有不同程度的变化。

2.PCT申请跃居世界第2位，研发人员投入增速放缓

中国的企业创新分指数自2010年进入第一集团后排名一直有所上升，但仍未进入前10位。中国5个二级指标的排名相对均衡，除了万名企业研究人员PCT专利申请数排第22位，处于第二集团外，其他4个指标的排名均进入了第一集团。三方专利数量占世界比重、企业研究与发展经费与增加值之比、综合技术自主率和企业R&D研究人员占全部R&D研究人员比重分别居第4位、第15位、第12位和第11位（图3-6）。

5个二级指标中，万名企业研究人员PCT专利申请数指标排名靠后，是唯一处于第二集团的指标。而中国的PCT国际申请总量在2017年已跃居世界第2位。这表明，从投入产出的角度看，PCT申请的产出效率还相对落后。中国的企业R&D研究人员多年来一直处于持续增长态势，但2017年的增速出现明显下滑，导致其占全部R&D研究人员的比重下降显著，国际排名下降4个位次。

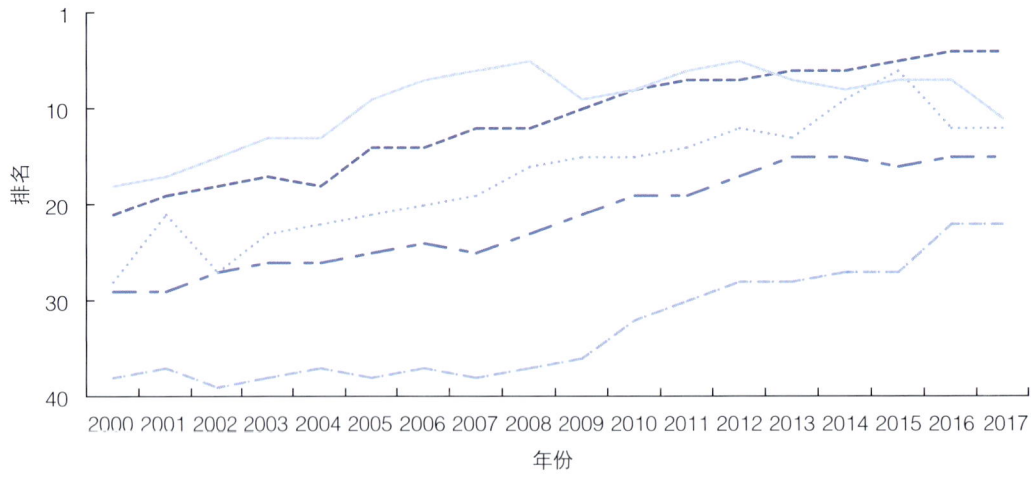

图3-6　中国企业创新分指数构成指标的世界排名演变

3.日本企业创新全面领先，金砖国家表现各异

从企业创新分指数排名前15位的国家分布看，亚洲国家表现最好。日本、韩国和

以色列不仅总体排名分列第1位、第3位、第4位，而且在5个二级指标的表现上也很突出。日本是唯一一个在5个二级指标排名上均进入前5个的国家。韩国有4个二级指标排名进入前5位。以色列与日韩相比稍显逊色，虽然有2个二级指标排名首位，但仍有2个指标排名在第25位之后。另外，两个亚洲国家新加坡和印度的表现欠佳，排名在30位之后。

金砖国家的企业创新分指数排名差异较大，中国处于第一集团；俄罗斯处于第二集团，排第21位，较上年提升2个位次；巴西、南非和印度的排名落后，分别排第36位、第38位和第40位。从表现较好的单项指标看，俄罗斯的综合技术自主率指标排名第9位，巴西的企业研发经费与增加值之比指标排名第4位，南非的万名企业研究人员PCT专利申请数指标排名第8位。

（四）创新绩效明显提升

创新绩效是一个国家开展创新活动所产生成果和影响的集中表现。创新绩效分指数采用了劳动生产率、单位能源消耗的经济产出、知识密集型服务业增加值占GDP比重、高技术产业出口占制造业出口比重、知识密集型产业增加值占世界比重5个指标，来测度和评价创新活动的产出水平，以及创新活动对经济的贡献。

1.中国排名止跌回升，重新进入第一集团

中国创新绩效分指数排名第15位，扭转了下降态势，较上年提高3个位次（图3-7）。在表征创新绩效的5个二级指标中，有4个指标排名与上年完全相同。劳动生产率、单位能源消耗的经济产出、知识密集型服务业增加值占GDP比重、知识密集型产业增加值占世界比重继续分别居第39位、第36位、第12位和第2位。高技术产业出口占制造业出口比重排名较上年明显提升，从第6位升至第2位。

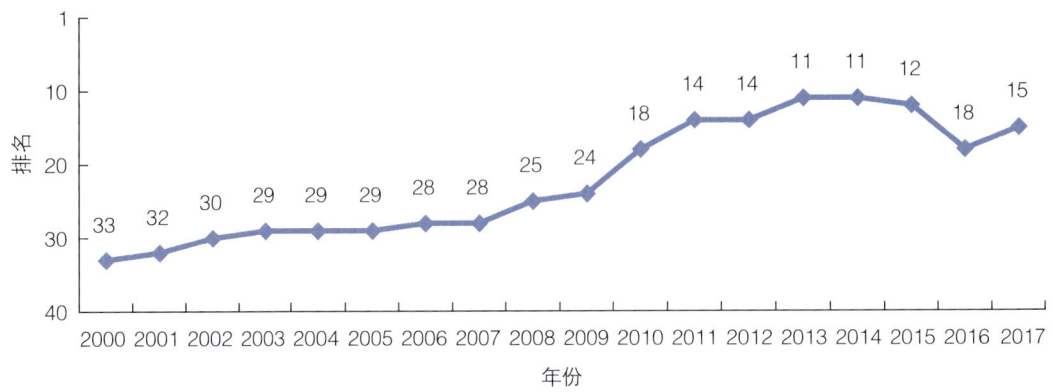

图3-7 中国创新绩效分指数世界排名

创新绩效指数排名前15位的国家依次为美国、爱尔兰、瑞士、新加坡、卢森堡、英国、挪威、丹麦、法国、澳大利亚、荷兰、瑞典、日本、比利时和中国。除中国取代冰岛跻身第一集团外,其他国家与上年完全相同。

2.知识密集型产业优势突出,转变发展方式面临较大压力

从中国5个二级指标国际排名的表现看,有3个指标排在前15位,另2个指标则处于非常靠后的位置(表3-1)。2000年以来,中国的劳动生产率和单位能源消耗的经济产出这2个指标的数值虽然逐年在提高,但提升幅度不明显,国际排名一直在后5名,劳动生产率排名自2000以来一直在倒数第2位,单位能源消耗的经济产出排名自2010年以后一直在第36位。另3个指标的表现突出,基本上一直处于第一集团。知识密集型产业增加值占世界比重2006年已进入前5位,2011年之后一直稳居第2位。高技术产业出口占制造业出口比重2009—2014年排名稳居前5名的位置,2015年和2016年排名回落,2017年重新跃居第2位,显示出中国在出口方面拥有较强竞争力优势。5个指标排名上的不平衡表现说明,中国创新绩效的突出表现依然主要依靠高技术产业产出规模和技术产出总量来拉动,在转变经济发展方式和实现产业转型升级方面仍面临非常大的压力。

表3-1 中国创新绩效分指数构成指标的世界排名演变

年份	劳动生产率	单位能源消耗的经济产出	知识密集型服务业增加值占GDP比重	高技术产业出口占制造业出口比重	知识密集型产业增加值占世界比重
2000	39	37	35	16	8
2001	39	35	35	14	7
2002	39	36	35	10	7
2003	39	38	35	6	7
2004	39	39	34	6	7
2005	39	39	34	6	6
2006	39	40	34	6	5
2007	39	40	34	6	5
2008	39	38	35	6	3
2009	39	37	34	4	3
2010	39	36	30	3	3
2011	39	36	29	3	2
2012	39	36	23	2	2
2013	39	36	20	2	2
2014	39	36	20	3	2
2015	39	36	12	6	2
2016	39	36	12	6	2
2017	39	36	12	2	2

3.亚洲国家排名基本稳定，金砖国家产业发展有亮点

6个亚洲国家的排名与上年相比没有大的变化。新加坡、日本和中国的创新绩效分指数排名处于第一集团，分别居第4位、第13位和第15位。以色列和韩国处于第二集团，分别排第19位和第25位。印度的排名与上年相同，居第39位。

金砖国家中，除中国外，其他4个国家的排名落后，巴西、俄罗斯、南非和印度分列第28位、第37位、第38位和第39位，其中巴西排名较上年提升1个位次。从二级指标看，俄罗斯、巴西和印度的知识密集型产业增加值占世界比重具有比较优势，分列第14位、第9位和第7位。

（五）创新环境仍需改善

创新环境是提升国家创新能力的重要基础和保障。创新环境分指数选取以下10个二级指标：知识产权保护力度、政府规章对企业负担影响、宏观经济稳定性、职业培训质量、市场垄断程度、员工收入与效率挂钩程度、风险资本可获得性、产业集群发展状况、企业与大学研发协作程度、创业文化。

1.中国排名下降4位，日本排名大幅提升

中国的创新环境分指数在5个一级指标中得分最高，但国际排名最低，2016年从第20位提升至第16位后，2017年再次降至第20位（图3-8）。2005年以来，创新环境分指数整体上处于波动状态。2005—2009年，在小幅波动后一路走高，2009年后的排名波动较明显，最高位次出现在2013年，为第13位。

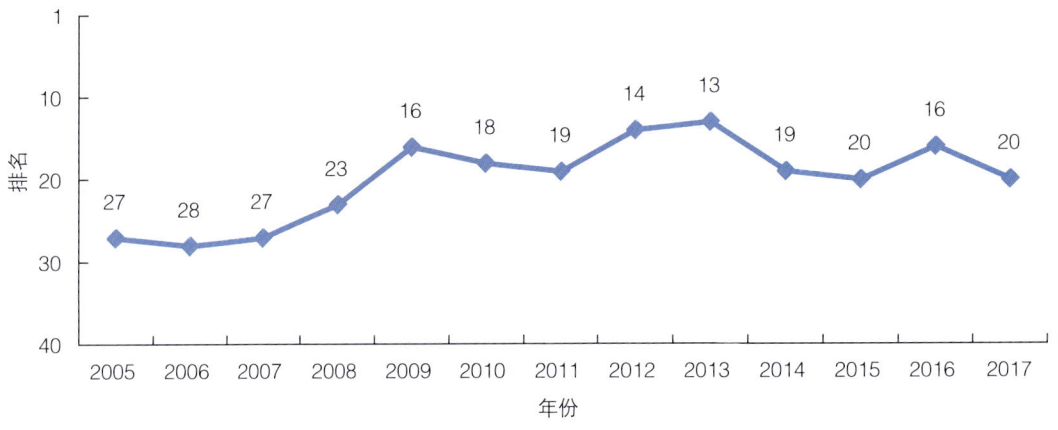

图3-8 中国创新环境分指数世界排名

在40个国家中，创新环境分指数排名前15位的国家依次为美国、瑞士、德国、新加坡、荷兰、芬兰、瑞典、英国、卢森堡、日本、以色列、丹麦、新西兰、爱尔兰和挪威。15个国家中，日本从上年第18位大幅提升至第10位，取代比利时重新进入第一集团。其他14个国家与上年完全相同。

2. 2个二级指标进入前10位，职业培训质量进步显著

在创新环境下设的10个二级指标中，中国排名进入前15位的指标只有2个：政府

规章对企业负担影响和风险资本可获得性，分别排第8位和第7位。其他指标排名均处于第二集团。职业培训质量和市场垄断程度2个指标与上年相比进步较大，分别提升了7个位次和4个位次。宏观经济稳定性指标下降幅度较大，排名下降了15个位次，创业文化排名第21位（表3-2）。

表3-2 中国创新环境分指数构成指标的世界排名演变

指标	2007年	2008年	2009年	2010年	2011年	2012年	2013年	2014年	2015年	2016年	2017年
知识产权保护力度	35	30	21	28	28	27	25	32	33	28	29
政府规章对企业负担影响	10	6	5	7	6	3	6	9	9	7	8
宏观经济稳定性	2	5	1	5	4	3	4	4	6	11	26
职业培训质量	28	29	32	30	33	30	33	34	33	32	25
市场垄断程度	36	34	28	28	28	27	22	24	21	22	18
风险资本可获得性	33	28	12	11	12	8	5	11	9	7	7
员工收入与效率挂钩程度	7	5	12	9	28	5	9	18	20	17	17
产业集群发展状况	18	15	12	12	16	18	18	18	16	19	20
企业与大学研发协作程度	22	20	22	24	26	25	25	25	23	22	22
创业文化	16	12	6	8	8	3	4	4	6	6	21

3.亚洲国家排名靠前，金砖国家表现欠佳

亚洲国家在创新环境方面的整体表现相对较好。新加坡、日本和以色列处于第一集团，分别排第4位、第10位和第11位；印度、中国和韩国处于第二集团，分列第19位、第20位和第25位。与上年相比，日本排名上升8个位次，印度上升2个位次，新加坡下降3个位次。

从金砖国家创新环境整体来看，中国、印度和南非处于第二集团，俄罗斯和巴西处于第三集团。南非、俄罗斯和巴西分别排第29位、第32位和第38位。和上年相比，俄罗斯排名提升1个位次，南非排名下降3个位次，巴西维持不变。

四、中国创新能力的发展与演变

从历史演变特征来看，中国国家创新能力不断增强，已经跻身全球创新第一集团。2000—2017年，中国在创新资源、知识创造、企业创新和创新绩效指标上均呈现明显的上升态势。创新资源分指数年均增速为8.9%，知识创造分指数年均增速为14.2%，企业创新分指数年均增速高达16.9%，创新绩效分指数年均增速达到10.0%，创新环境大部分指标得分上升。

《"十三五"国家科技创新规划》提出的12个指标目标完成状况呈梯次推进。国家综合创新能力世界排名升至第15位，国际科技论文被引次数世界排名达到第2位，规模以上工业企业研发经费支出与主营业务收入之比达到1.25%，高新技术企业营业收入达到38.9万亿元，均已提前完成"十三五"规划发展目标。部分指标增长态势良好。每万人口发明专利拥有量和PCT专利申请量指标已分别完成规划目标的91.2%和74.9%；全国技术合同成交金额指标完成规划目标的77.3%。部分指标保持平稳增长。科技进步贡献率指标完成规划目标的68.1%；每万名就业人员中的研发人力投入完成规划目标的69.6%；公民具备科学素质的比例完成规划目标的59.7%。部分指标增速低于预期。研究与试验发展经费投入强度和知识密集型服务业增加值占国内生产总值的比重指标分别完成规划目标的27.9%和4.5%。

（一）国家创新指数演变路径

1. 国家创新指数历史演变的基本态势

当今世界，科学技术成为国家综合实力和全球经济格局的决定性因素。发达国家希望通过提升科技创新能力，继续保持领先地位；新兴经济体大幅增加科技投入，希望通过创新驱动经济社会发展。进入21世纪以来，中国科技创新资源投入大幅增长，知识创造和应用能力迅速提升，企业创新日益活跃，创新绩效逐步显现，创新环境不断完善。国家创新指数的变化趋势表明，中国的创新能力与水平正在迅速提高，与处于前列的创新型国家的差距正在缩小。

2000年以来，中国经历了3个五年规划期，以五年规划为周期观测创新指数的变化特征，有助于把握中国创新能力的演进轨迹。17年来，中国创新能力稳步提升。我们分别选择2000年、2005年和2010年为基期，来测算"十五""十一五""十二五"以来中国国家创新指数分值的变化情况。数据显示，"十五"时期中国国家创新指数分值增长50%，2005年达到150（图4-1）；随着《规划纲要》及相关配套政策和实施细则的颁布实施，"十一五"时期中国国家创新指数加速提升，分值增长71%（图4-2）；"十二五"时期中国国家创新指数在较高分值基础上仍保持良好增长势头，分值增长55%（图4-3）；2016年和2017年分值分别达到169和183，较2010年分别增长69%和83%。随着创新能力的不断提升，中国首次进入了创新能力最强的第一集团。

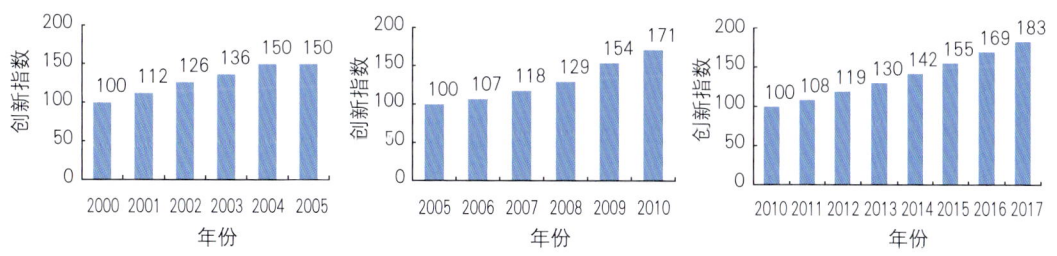

图4-1 "十五"期间中国国家创新指数演变　　图4-2 "十一五"期间中国国家创新指数演变　　图4-3 "十二五"以来中国国家创新指数演变

2. 国家创新指数演变的影响因素

在构成国家创新指数的5个一级指标中，除创新环境分指数在个别年份小幅波动、增长缓慢外，中国在创新资源、知识创造、企业创新和创新绩效分指数方面稳步增长，尤其是企业创新分指数，表现出高速攀升态势，2017年达到1423，约是2000年的14倍（表4-1）。

表4-1 中国国家创新指数一级指标指数变化情况

年份	创新资源	知识创造	企业创新	创新绩效	创新环境
2000	100	100	100	100	
2001	108	105	126	110	
2002	118	110	159	118	
2003	129	122	168	126	
2004	139	133	186	141	
2005	133	144	219	154	100
2006	145	154	248	171	98
2007	183	176	298	197	103
2008	203	186	347	233	110
2009	237	227	507	257	117
2010	263	257	573	295	113
2011	288	314	631	339	110
2012	324	380	761	379	113
2013	357	468	830	419	114
2014	376	566	1010	450	112
2015	403	681	1133	491	115
2016	411	820	1342	494	118
2017	428	958	1423	508	120

资金、人才和信息资源是科技创新活动不可或缺的资源要素。2000—2017年，中国科技创新资源投入表现出强劲的增长态势，创新资源分指数平均增速达到8.9%。在过去的17年间，中国R&D经费增长了近19倍，占全球总量的比重从2000年的1.7%提高到2017年16.6%；R&D经费投入强度从0.89%上升到2.15%，这一比值已超越英

国、加拿大等部分发达国家和欧盟28国的平均水平。创新人力资源大幅增长，每万人口中R&D人员数量由7.3人年迅速提高到29.1人年；高等教育毛入学率从12.5%提高到42.7%。科技创新资源投入是提高国家创新能力的重要基础，创新资源的持续加大为增强中国科技创新活力、推动经济发展方式转变和产业结构升级提供了强劲动力。

论文和专利是知识创造活动的成果，是科技创新活动的直接产出。2000—2017年，中国科学研究能力迅速增强，知识产出效率持续提升，知识创造分指数年均增速达到14.2%。在过去的17年间，万名研究人员科技论文数从438.8篇/万人年增加到2075.4篇/万人年。2017年亿美元经济产出发明专利授权数达到2.7件，是2000年的5.3倍；百万人口发明专利申请数从20.0件快速增长到896.1件，增长了近44倍；有效专利数量占世界的比重从不足1%增长到14.5%。知识创造能力和水平的提高为创新活动提供了强有力的支撑，成为增强国家原始创新能力、提高自主创新水平的重要源泉。

企业是技术创新投入、技术创新活动和技术创新成果应用的主体，其创新水平是决定国家创新能力的核心要素。随着"大众创业、万众创新"的蓬勃开展，中国企业创新能力快速提升。2000—2017年，企业创新分指数年均增速高达16.9%，居5个分指数增速之首。三方专利数占世界的比重从不足0.2%提高到7.1%。企业R&D经费与增加值之比从0.6%增加到2.2%。万名企业研究人员PCT专利申请数从22.1件/万人年增加到463.2件/万人年，增长了近20倍。随着中国企业知识产权意识和对创新重视程度的提升，中国企业创新能力将会有更大幅的提高。

创新绩效体现在经济发展水平提高、产业结构优化升级及社会发展进步等方面，是开展创新活动的终极目标。从历史变化趋势看，中国的创新绩效稳步提升。2000—2017年，中国创新绩效分指数年均增速达10.0%。劳动生产率从不足0.2万美元/人提高到1.6万美元/人，增长了8.4倍。单位能源消耗的经济产出从1.0美元/千克标准油增加到3.6美元/千克标准油，增长了2.4倍。知识密集型产业稳步发展，增加值占世界的比重从2.0%提高到19.0%；知识密集型服务业增加值占GDP的比重从7.8%增加到15.7%，高技术产业出口占制造业出口比重从19.0%提高到23.8%。与其他一级指标相比，创新绩效的显现具有一定的滞后性，随着创新资源的持续积累和企业创新能力的不断提高，创新对经济社会发展的支撑作用将不断释放，未来创新绩效仍将有较大的提升空间。

创新环境是顺利高效开展创新活动的重要保障。《规划纲要》颁布实施以后，尤其是"十二五"以来，中国的创新环境得到极大改善，大部分指标得分上升，特别是"风险资本的可获得性""知识产权保护力度""政府规章对企业负担的影响"3个指标得分提升最为明显。未来，随着新一轮创新创业政策的加快落实，中国创新环境将会进一步改善。

国家创新指数被正式列入《"十三五"国家科技创新规划》（简称《规划》）总体发展目标。《规划》明确指出，到2020年，国家科技实力和创新能力大幅跃升，创新驱动发展成效显著，国家综合创新能力世界排名进入前15位。目前，中国综合创新能力世界排名已经达到第15位，完成了"十三五"规划目标，但中国创新的优势在于创新要素规模巨大，未来进一步发展的潜力主要在于创新质量和创新效率的提升。在向创新型国家前列迈进的过程中，全社会仍需要毫不松懈地加大创新资源投入力度，同时更加关注资源投入的强度、结构和效率问题。进一步提高知识创造的能力和水平，为增强国家原始创新能力奠定坚实的基础。继续发挥科技对经济发展的支撑引领作用，大幅提高企业技术创新能力，发展高技术产业、战略性新兴产业和知识密集型服务业，为中国的动力变革、效率变革和质量变革提供保障。关注科技创新对经济社会进步的贡献，依靠科技创新突破经济社会发展中的能源、资源与环境约束，实现创新绩效的稳步提升。进一步营造有利于创新的政策、法律和技术服务环境，加强市场经济体制建设，促进自由竞争，加强知识产权保护，深化产学研合作，在全社会形成鼓励大胆创新、勇于创新、包容创新的良好氛围。

（二）《"十三五"国家科技创新规划》指标进展与预测

1. 规划主要指标目标完成情况分析

"十三五"是全面建成小康社会和建设创新型国家的决胜阶段，是全面深化科技体制改革、深入实施创新驱动发展战略的关键时期。为加快建设创新型国家，突出反映创新驱动发展成效，《"十三五"国家科技创新规划》从国家综合创新能力、科技创新资源投入、创新活动产出、创新驱动发展、创新创业环境等方面提出了12个指标（表4-2）。

表4-2 《"十三五"国家科技创新规划》指标目标值

	指标	2015年	现值	2020年目标值
1	国家综合创新能力世界排名	18	15	15
2	科技进步贡献率/%	55.3	58.5	60
3	研究与试验发展经费投入强度/%	2.07	2.19	2.5
4	每万名就业人员的研发人力投入/人年	48.5	56.5	60
5	高新技术企业营业收入/万亿元	22.2	38.9	34
6	知识密集型服务业增加值占国内生产总值的比重/%	15.6	15.8*	20
7	规模以上工业企业研发经费支出与主营业务收入之比/%	0.9	1.25	1.1
8	国际科技论文被引次数世界排名	4	2	2
9	PCT专利申请量/万件	3.05	5.34	翻一番
10	每万人口发明专利拥有量/件	6.3	11.5	12
11	全国技术合同成交金额/亿元	9835	17 697	20 000
12	公民具备科学素质的比例/%	6.2	8.47	10

*表示数据为2017年，其他数据为2018年；2018年科技进步贡献率为预测值；国际科技论文被引次数世界排名是截至2018年10月，2008—2018年发表论文的被引用情况。

2017年和2018年分别是"十三五"规划时期的第2年和第3年，按正常发展趋势，各个指标应完成规划目标的40%和60%。《"十三五"国家科技创新规划》主要指标的目标完成情况如下。

首先，4个指标已提前完成规划目标，主要体现在创新型国家建设进程综合指标、论文产出指标，以及企业创新能力和投入水平指标上。在综合排名方面，中国国家综合创新能力世界排名第15位，比2015年提升3位，已完成规划目标。在论文方面，2018年，中国国际科技论文被引次数世界排名为第2位，已经完成规划目标。在企业创新方面，随着创新驱动发展战略的实施和"大众创业、万众创新"的开展，企业研发投入迅速增长，2018年规模以上工业企业研发经费支出与主营业务收入之比达到1.25%，已经大幅超过目标值；企业创新能力大幅提升，产生了良好的经济效益，高新技术企业营业收入达到38.9万亿元，已经超出规划目标。

其次，3个指标增速超过预期，增长态势良好，主要体现在专利产出指标和科技成果转移转化指标上。在专利产出方面，自《深入实施国家知识产权战略行动计划（2014—2020年）》颁布以来，中国专利产出的实力和国际竞争力快速提升，2018年，每万人口发明专利拥有量达到11.5件，完成规划目标的91.2%；PCT专利申请量达到5.34万件，完成规划目标的74.9%。在科技成果转移转化方面，2018年全国技术合同成交金额达到17 697亿元，完成规划目标的77.3%。

再次，3个指标增长平稳，主要体现在科技进步贡献率、研发人员投入和科技创新环境的指标上。2018年，预测科技进步贡献率为58.5%，比2015年提高3.2个百分点，完成规划目标68.1%；每万名就业人员的研发人力投入为56.5人年，比2015年增长8.0人年，完成规划目标的69.6%；公民具备科学素质的比例达到8.47%，比2015年提高2.27个百分点，完成规划目标的59.7%。

最后，2个指标增速低于预期，主要体现在研发经费投入强度和知识密集型服务业指标上。2018年中国研究与试验发展经费投入强度为2.19%，比2015年提高了0.12个百分点，仅完成规划目标的27.9%；知识密集型服务业增加值占国内生产总值的比重为15.8%，仅比2015年提高0.2个百分点，完成规划目标的4.5%，远低于预期完成程度40%。

2.《规划》主要指标目标完成情况展望

"十三五"以来，中国科技创新事业飞速发展，科技创新能力不断提升，国家综合创新能力世界排名、国际科技论文被引用次数世界排名、规模以上工业企业研发经费支出与主营业务收入之比及高新技术企业营业收入4个指标已经提前完成预期目标，向着更高水平迈进。下面对《规划》中尚未实现发展目标的指标进行展望。

首先，3个指标会提前在2019年实现其发展目标。一是PCT专利申请量，该指标2018年已完成规划目标的74.9%，"十三五"以来，中国PCT专利申请量年均增速超过20%，预计2019年可以实现发展目标。二是每万人口发明专利拥有量，该指标已完成规划目标的91.2%，2015年以来每万人口发明专利拥有量年均增速为22.2%，预计2019年将超过12件，实现发展目标。三是全国技术合同成交金额，该指标已完成规划目标的77.3%，2015年以来年均增速为21.6%，预计2019年将实现发展目标。

其次，2个指标会在"十三五"末期实现目标，即万名就业人员的研发人力投入指标和公民具备基本科学素质的比例指标。2018年万名就业人员的研发人力投入比2015年增加8.0人年，年均增速达到5.2%，按此速度推算，2020年将超过60人年，按期完成规划目标；2018年公民具备科学素质的比例比2015年提升2.27个百分点，按此速度推算，2020年将超过10%，按期完成规划目标。

再次，2个指标完成规划目标存在较大困难。一是研究与试验发展经费投入强度，2015年以来中国研发经费年均增速为11.6%，如果未来几年研发经费和国内生产总值增速保持2015年以来的平均水平，预计2020年研发经费与国内生产总值的比例将达到2.27%，距离规划目标有较大差距；如果2020年研发经费与国内生产总值比例想到达2.5%，届时全社会研发经费总量需要接近27 000亿元，研发经费投入年均增速需保持在17%以上，可见，实现研发经费与国内生产总值比例目标需要付出巨大的努力。二是知识密集型服务业增加值占国内生产总值的比重，受金融业、租赁和商务服务业，以及科学研究和技术服务业增加值增速放缓的影响，知识密集型服务业增加值的增速在2016年出现大幅下降，2017年部分行业的增加值虽略有回升，但仍不及2015年前的增速，如果按照2015年以来的年均增速测算，2020年知识密集型服务业增加值占国内生产总值的比重预计达到16.3%，低于规划目标20%的完成程度。

最后，1个指标具有不确定性，即科技进步贡献率，2018年预计达到58.5%，接近"十三五"规划提出的60%的发展目标。科技进步贡献率是反映广义技术进步对经济增长贡献的综合性指标，与经济周期和科技自身发展的规律有关。作为一个相对指标，其大小受经济增速、固定资本增速、无形资本增速和劳动投入增速的共同影响。因此，这一目标能否如期实现具有一定的不确定性，需要我们进一步转变经济发展方式，进一步减少经济增长对投资的依赖，让科技创新成为驱动经济发展与转型升级的核心力量。

国家创新指数报告2019

国别分析

第二部分

阿根廷

南美洲国家。2017年人口4427万人，国土面积约278万平方千米，GDP总量6374.3亿美元，人均GDP 14 398美元，为中高收入国家。单位能耗产出6.80美元/千克标准油；R&D经费投入29.6亿美元；R&D经费投入强度为0.53%；SCI收录论文9489篇；PCT专利申请数36件；高技术产业出口占制造业出口比重为8.95%。

阿根廷国家创新指数综合排名第40位，与上年持平。5个一级指标中，创新资源排名第35位，较上年下降1位；知识创造排名第40位，与上年持平；企业创新排名第39位，较上年提升1位；创新绩效排名第34位，较上年提升1位；创新环境排名第39位，与上年持平。

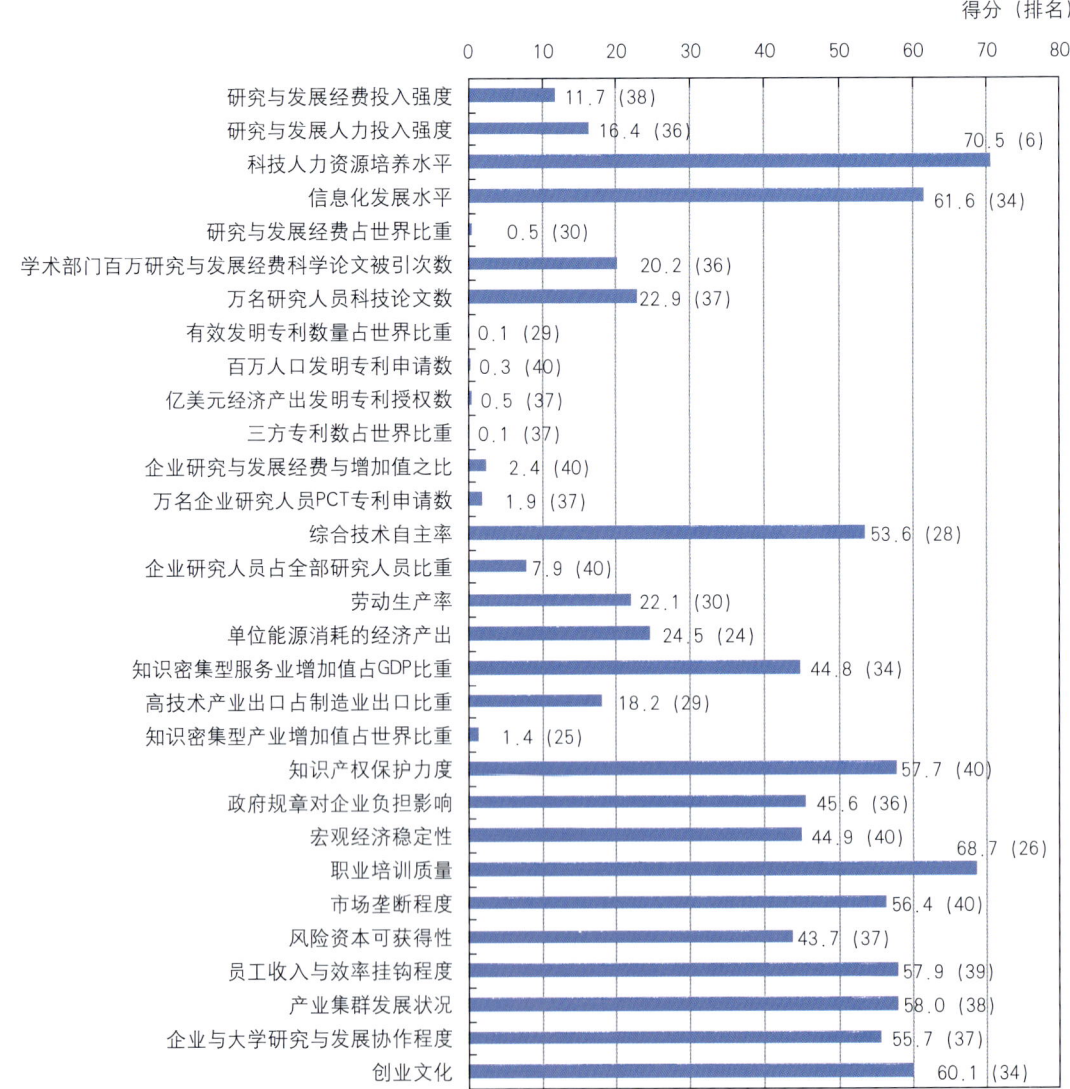

澳大利亚

大洋洲国家。2017年人口2460万人，国土面积约762万平方千米，GDP总量13 234.2亿美元，人均GDP 53 800美元，为高收入国家。单位能耗产出10.30美元/千克标准油；R&D经费投入234.2亿美元；R&D经费投入强度为1.88%；SCI收录论文6.8万篇；PCT专利申请数1852件；高技术产业出口占制造业出口比重为12.79%。

澳大利亚国家创新指数综合排名第21位，较上年持平。5个一级指标中，创新资源排名第14位，较上年上升2位；知识创造排名第11位，较上年上升1位；企业创新排名第30位，较上年上升2位；创新绩效排名第10位，比上年下降2位；创新环境排名第22位，较上年持平。

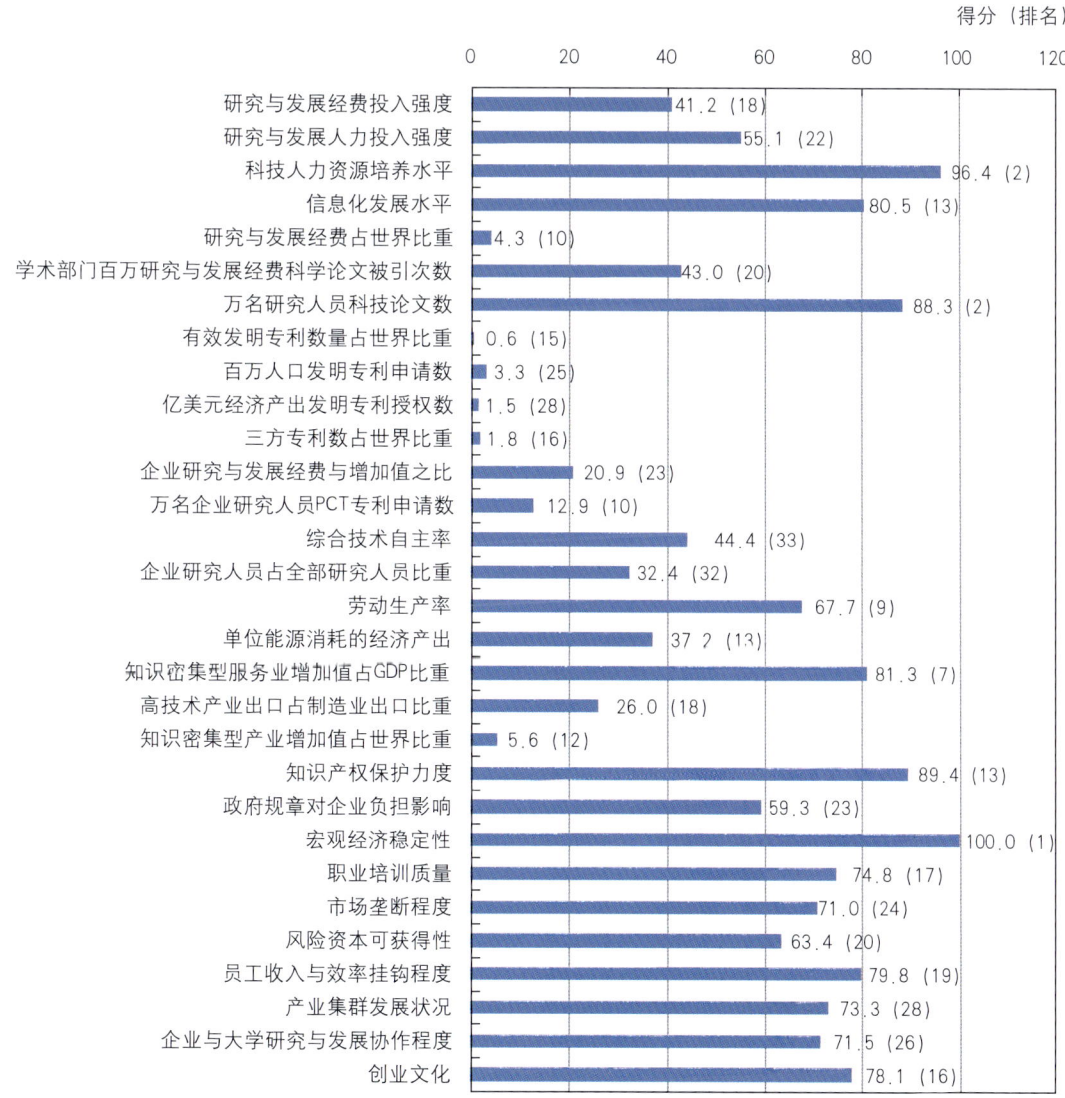

奥地利

欧洲国家。2017年人口881万人，国土面积约8.4万平方千米，GDP总量4166.0亿美元，人均GDP 47 291美元，为高收入国家。单位能耗产出11.62美元/千克标准油；R&D经费投入131.6亿美元；R&D经费投入强度为3.16%；SCI收录论文1.7万篇；PCT专利申请数1397件；高技术产业出口占制造业出口比重为9.78%。

奥地利国家创新指数综合排名第18位，较上年下降4位。5个一级指标中，创新资源排名第10位，较上年下降1位；知识创造排名第32位，与上年持平；企业创新排名第8位，较上年提升1位；创新绩效排名第20位，与上年持平；创新环境排名第16位，较上年提升4位。

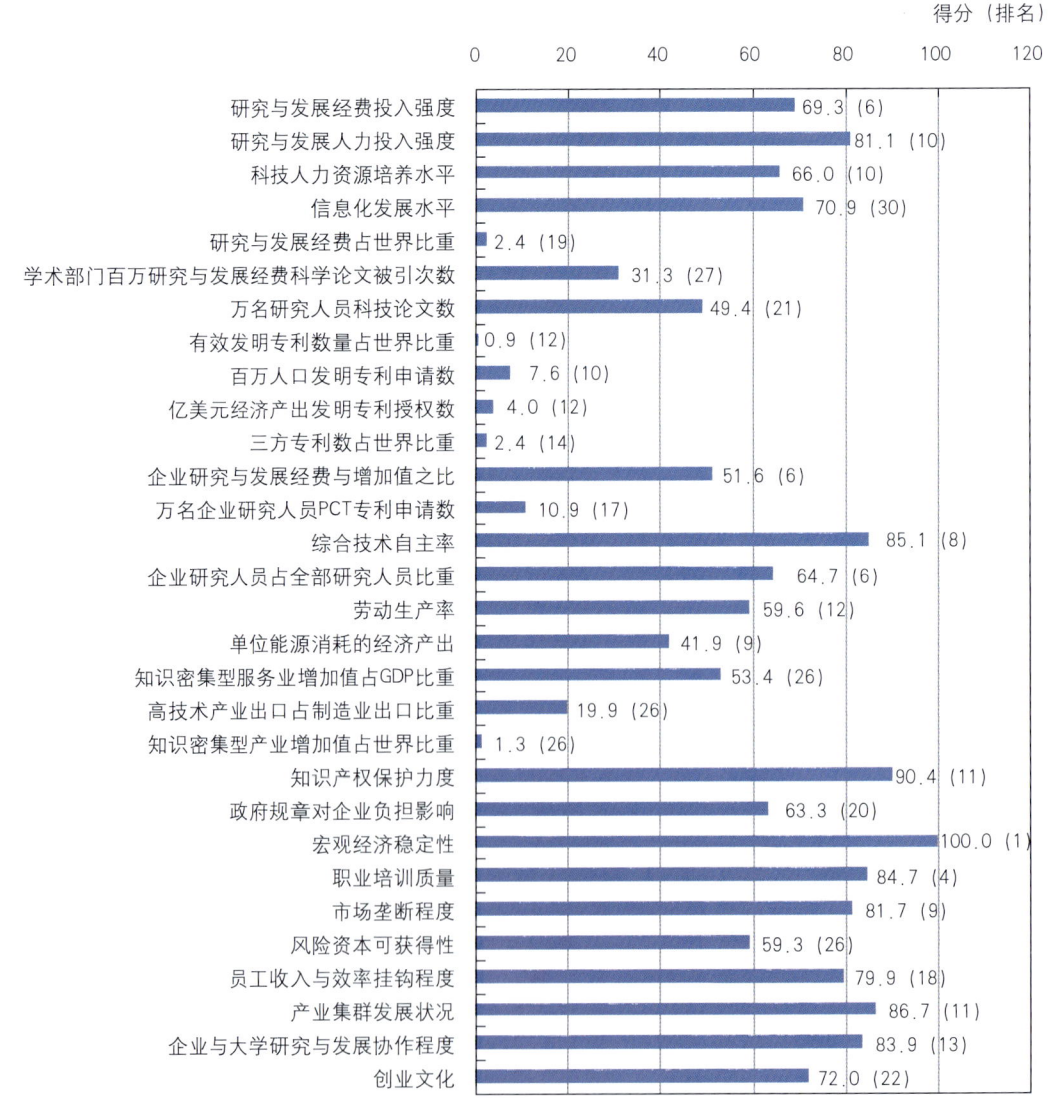

比利时

欧洲国家。2017年人口1137万人，国土面积约3.1万平方千米，GDP总量4926.8亿美元，人均GDP 43 324美元，为高收入国家。单位能耗产出8.61美元/千克标准油；R&D经费投入128.4亿美元；R&D经费投入强度为2.60%；SCI收录论文2.3万篇；PCT专利申请数1354件；高技术产业出口占制造业出口比重为9.49%。

比利时国家创新指数综合排名第20位，较上年下降1位。5个一级指标中，创新资源排名第16位，较上年下降1位；知识创造排名第27位，较上年下降5位；企业创新排名第14位，与上年持平；创新绩效排名第14位，较上年下降1位；创新环境排名第18位，较上年下降3位。

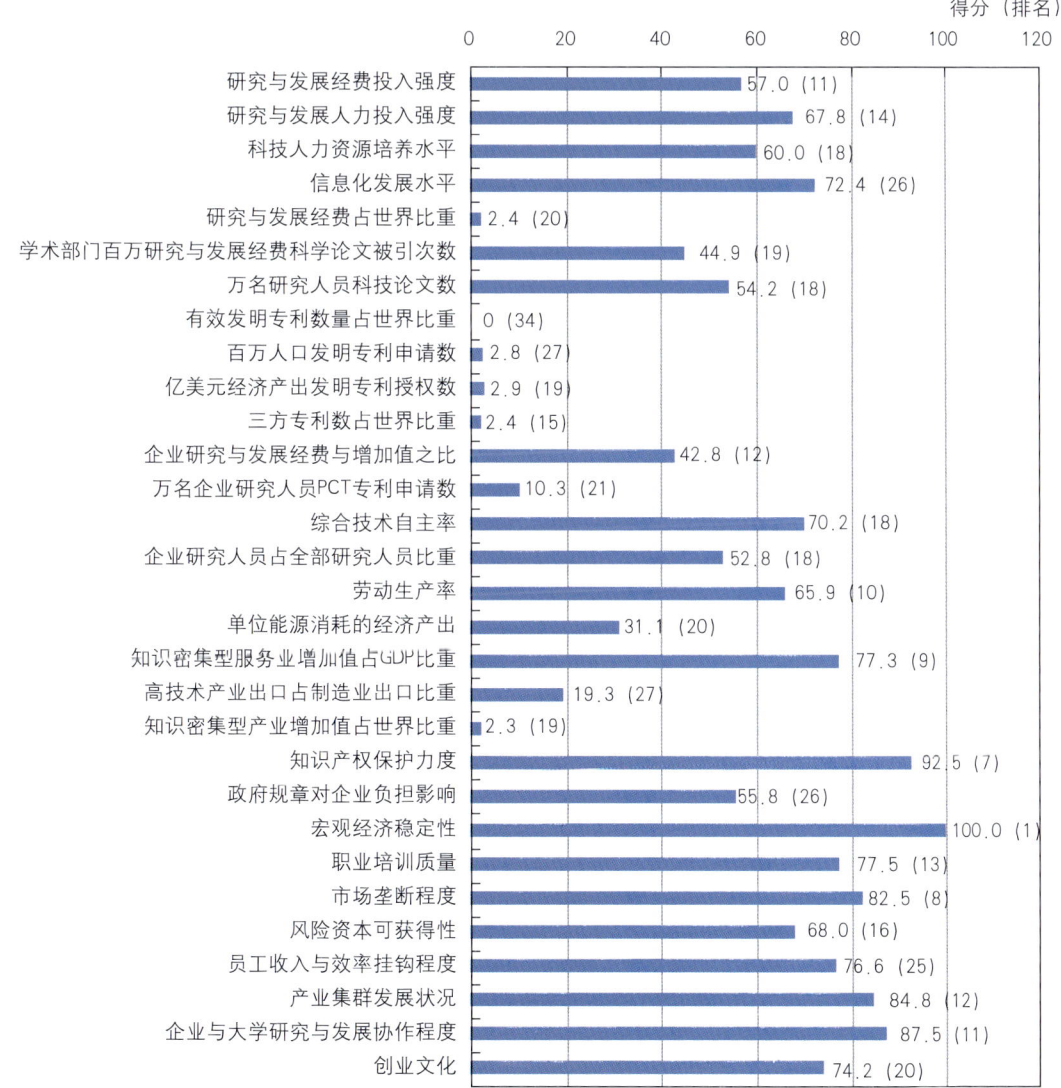

巴西

南美洲国家。2017年人口约2.09亿人，国土面积约854.7万平方千米，GDP总量20 555.1亿美元，人均GDP 9821美元，为中高收入国家。单位能耗产出5.89美元/千克标准油；R&D经费投入230.0亿美元；R&D经费投入强度为1.12%；SCI收录论文4.9万篇；PCT专利申请数589件；高技术产业出口占制造业出口比重为12.28%。

巴西国家创新指数综合排名第38位，较上年提升1位。5个一级指标中，创新资源排名第36位，与上年持平；知识创造排名第39位，与上年持平；企业创新排名第36位，较上年提升1位；创新绩效排名第28位，较上年提升1位；创新环境排名第38位，与上年持平。

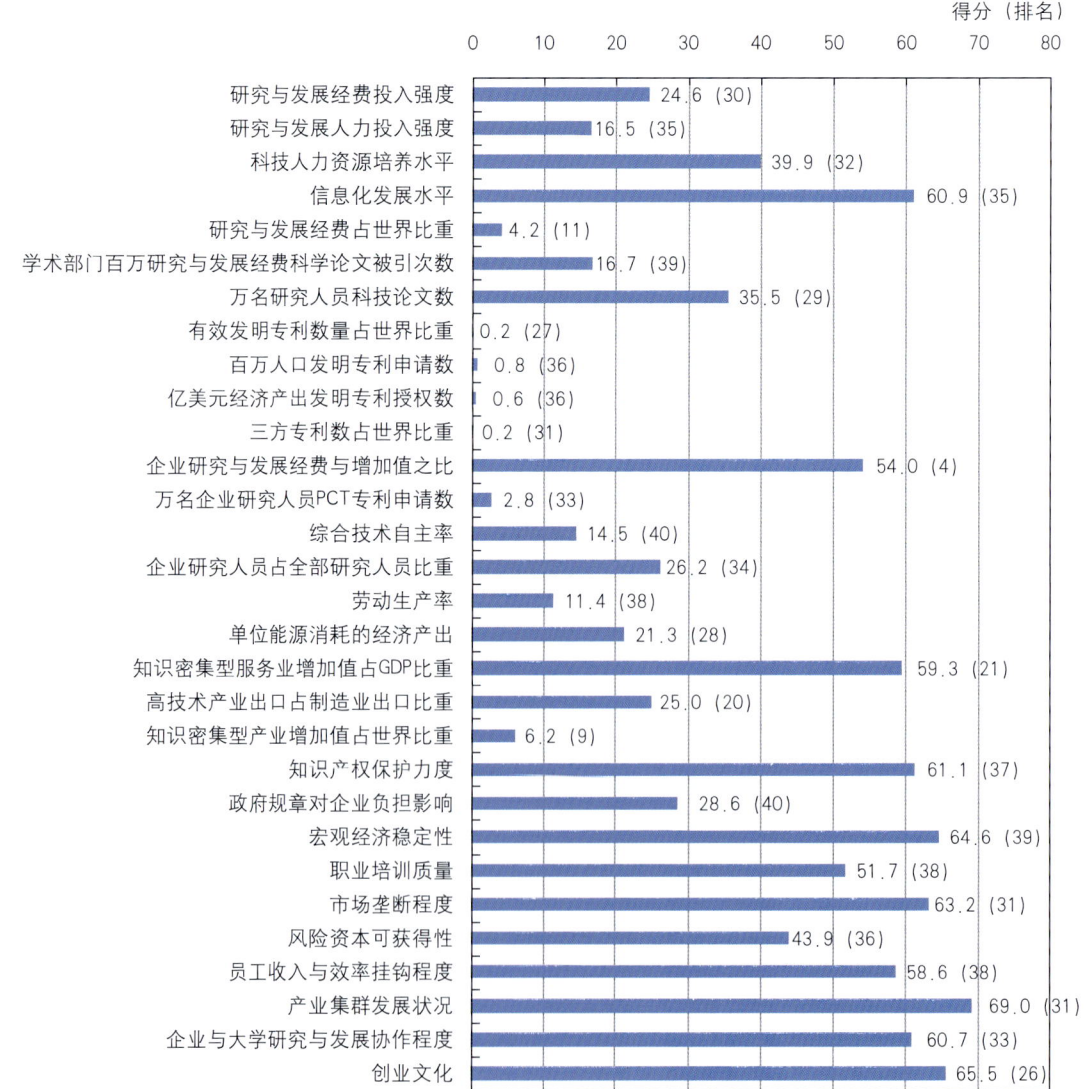

加拿大

北美洲国家。2017年人口3671万人，国土面积约998.5万平方千米，GDP总量16 530.4亿美元，人均GDP 45 032美元，为高收入国家。单位能耗产出5.73美元/千克标准油；R&D经费投入262.1亿美元；R&D经费投入强度为1.59%；SCI收录论文7.2万篇；PCT专利申请数2400件；高技术产业出口占制造业出口比重为12.85%。

加拿大国家创新指数综合排名第24位，与上年持平。5个一级指标中，创新资源排名第23位，较上年下降1位；知识创造排名第25位，比上年提升3位；企业创新排名第23位，较上年下降2位；创新绩效排名第21位，较上年提升1位；创新环境排名第17位，与上年持平。

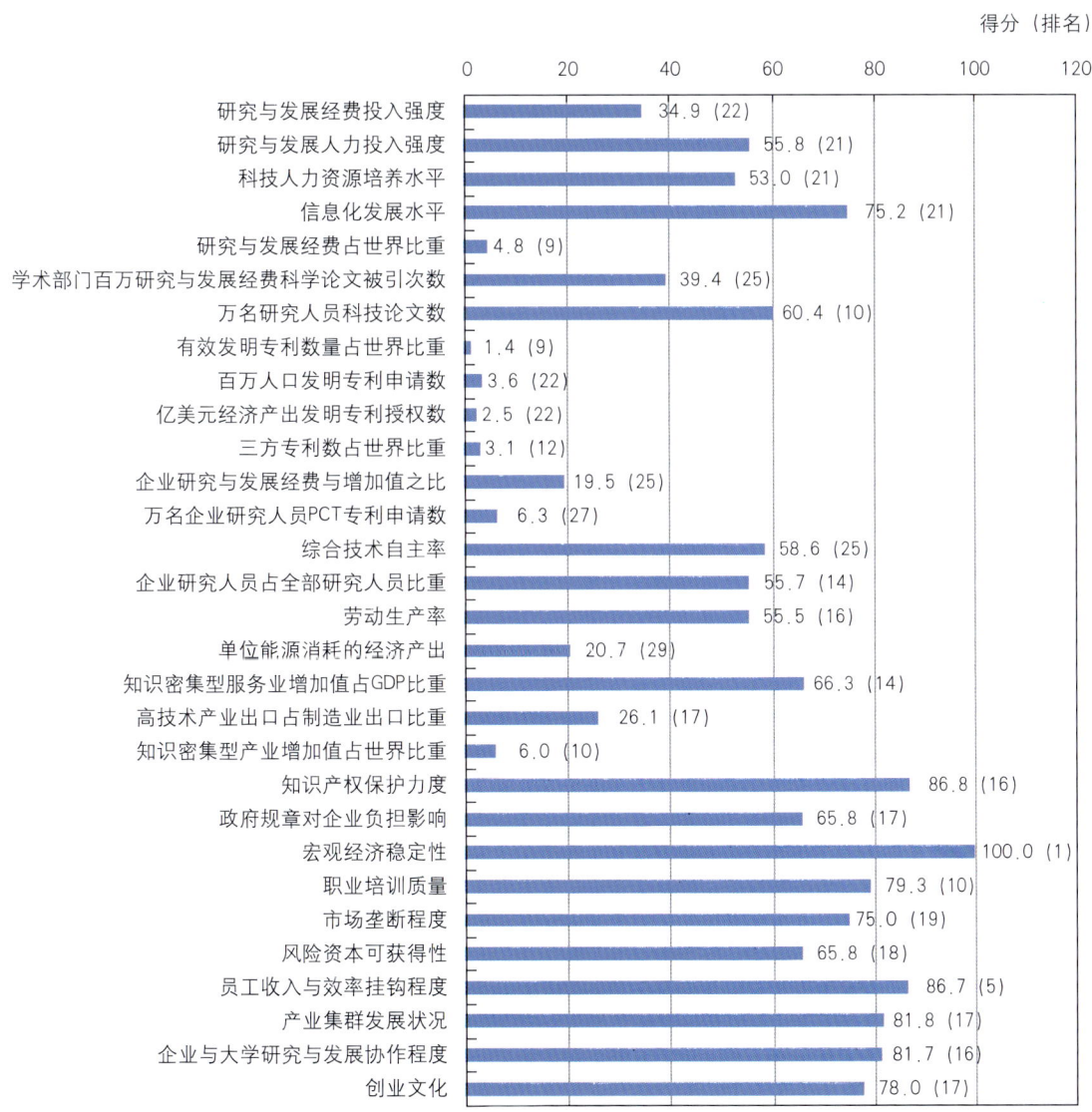

中国

亚洲国家。2017年人口13.86亿人，国土面积约960万平方千米，GDP总量122 377.0亿美元，人均GDP 8827美元，为中高收入国家。单位能耗产出3.59美元/千克标准油；R&D经费投入2604.9亿美元，仅次于美国，位列世界第2位；R&D经费投入强度为2.15%；SCI收录论文33.9万篇；PCT专利申请数48 905件；高技术产业出口占制造业出口比重为23.81%。

中国国家创新指数综合排名第15位，比上年提升2位，是唯一进入前20位的发展中国家，大幅超越处于同一经济发展水平的国家。5个一级指标中，创新资源排名第19位，较上年提升6位；知识创造排名第7位，与上年持平；企业创新排名第11位，与上年持平；创新绩效排名第15位，较上年提升3位；创新环境排名第20位，较上年下降4位。

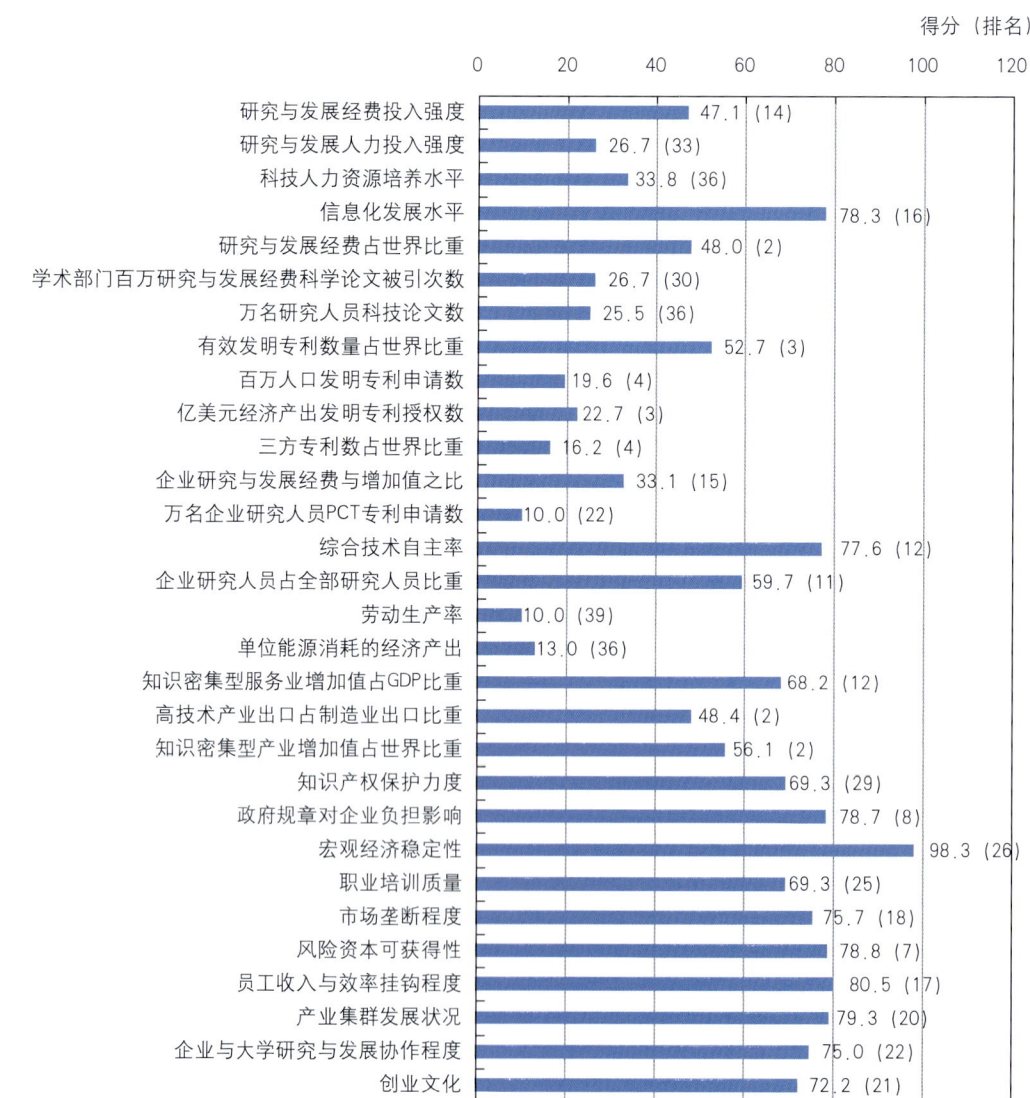

捷克

欧洲国家。2017年人口1059万人，国土面积约7.9万平方千米，GDP总量2157.3亿美元，人均GDP 20 368美元，为高收入国家。单位能耗产出4.59美元/千克标准油；R&D经费投入38.7亿美元；R&D经费投入强度为1.79%；SCI收录论文1.4万篇；PCT专利申请数184件；高技术产业出口占制造业出口比重为12.77%。

捷克国家创新指数综合排名第27位，与上年持平。5个一级指标中，创新资源排名第25位，较上年下降2位；知识创造排名第30位，较上年下降5位；企业创新排名第17位，较上年提升3位；创新绩效排名第29位，较上年提升1位；创新环境排名第24位，较上年提升1位。

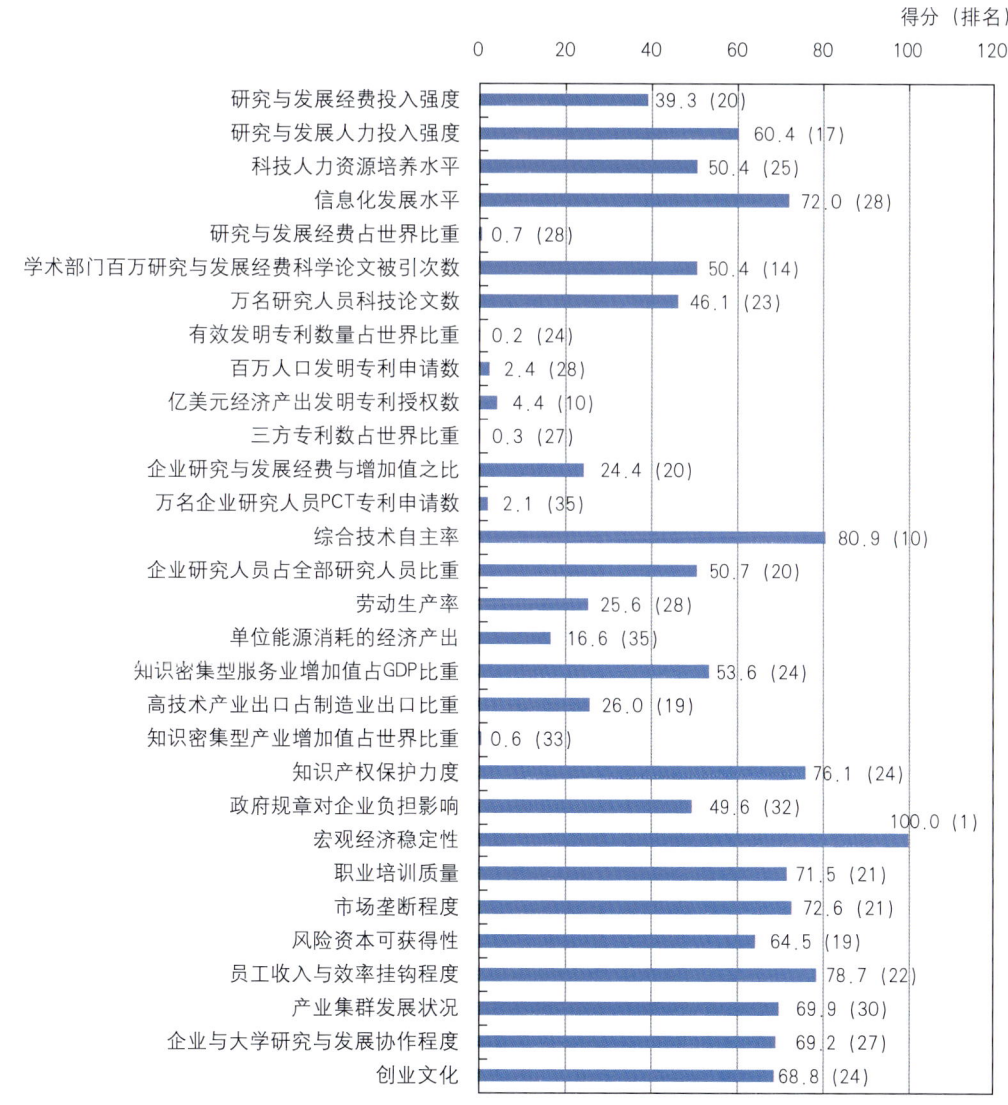

丹麦

欧洲国家。2017年人口577万人，国土面积约4.3万平方千米，GDP总量3248.7亿美元，人均GDP 56 308美元，为高收入国家。单位能耗产出18.82美元/千克标准油；R&D经费投入100.8亿美元；R&D经费投入强度为3.06%；SCI收录论文2.0万篇；PCT专利申请数1430件；高技术产业出口占制造业出口比重为11.56%。

丹麦国家创新指数综合排名第5位，较上年提升1位。5个一级指标中，创新资源排名第3位，较上年提升1位；知识创造排名第20位，比上年下降3位；企业创新排名第12位，与上年持平；创新绩效排名第8位，较上年下降2位；创新环境排名第12位，较上年提升1位。

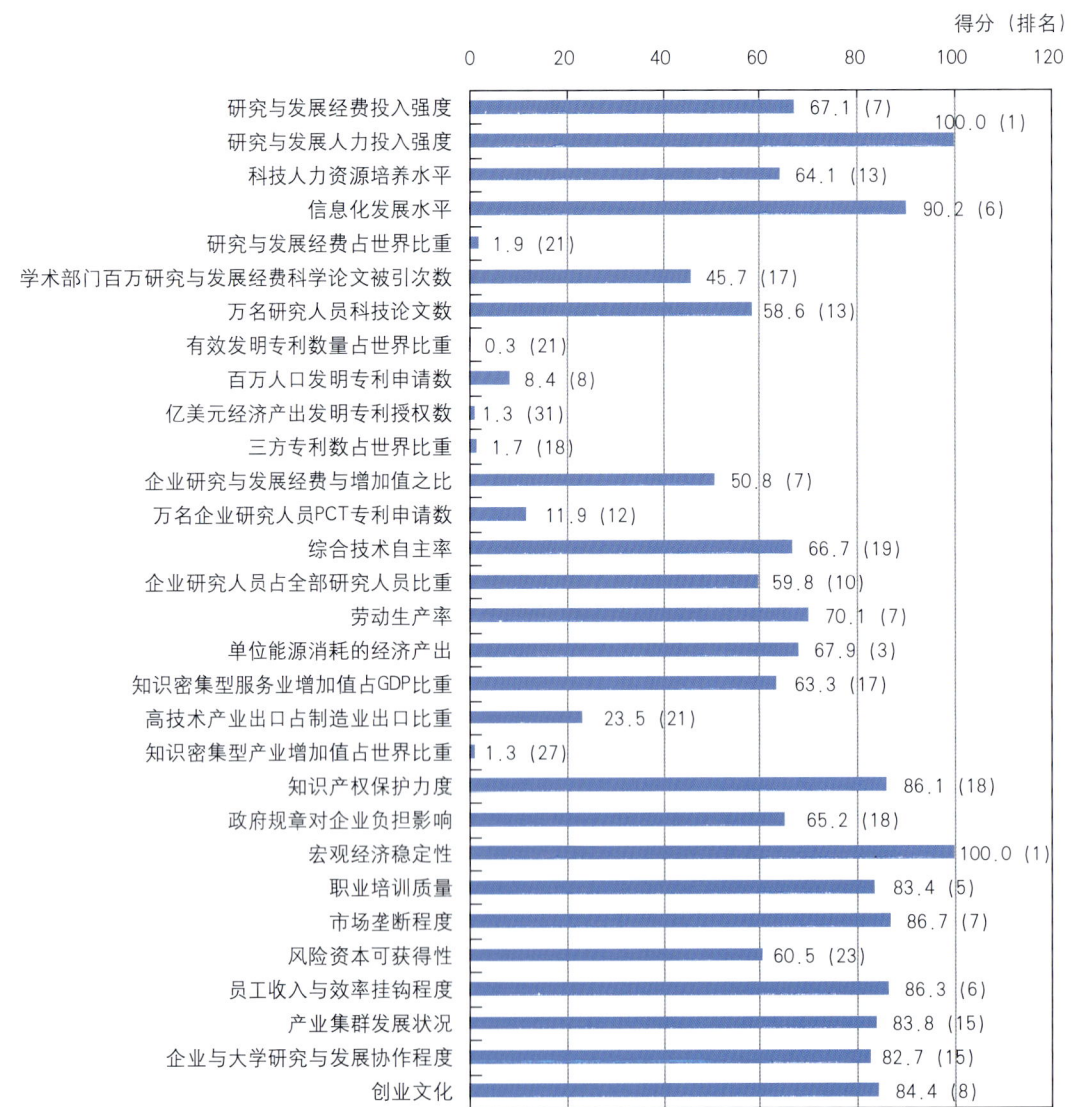

芬兰

欧洲国家。2017年人口551万人，国土面积约33.8万平方千米，GDP总量2518.8亿美元，人均GDP 45 703美元，为高收入国家。单位能耗产出7.16美元/千克标准油；R&D经费投入69.6亿美元；R&D经费投入强度为2.76%；SCI收录论文1.4万篇；PCT专利申请数1601件；高技术产业出口占制造业出口比重为7.75%。

芬兰国家创新指数综合排名第12位，较上年下降2位。5个一级指标中，创新资源排名第8位，较上年下降3位；知识创造排名第19位，较上年提升7位；企业创新排名第10位，与上年持平；创新绩效排名第23位，与上年持平；创新环境排名第6位，较上年下降1位。

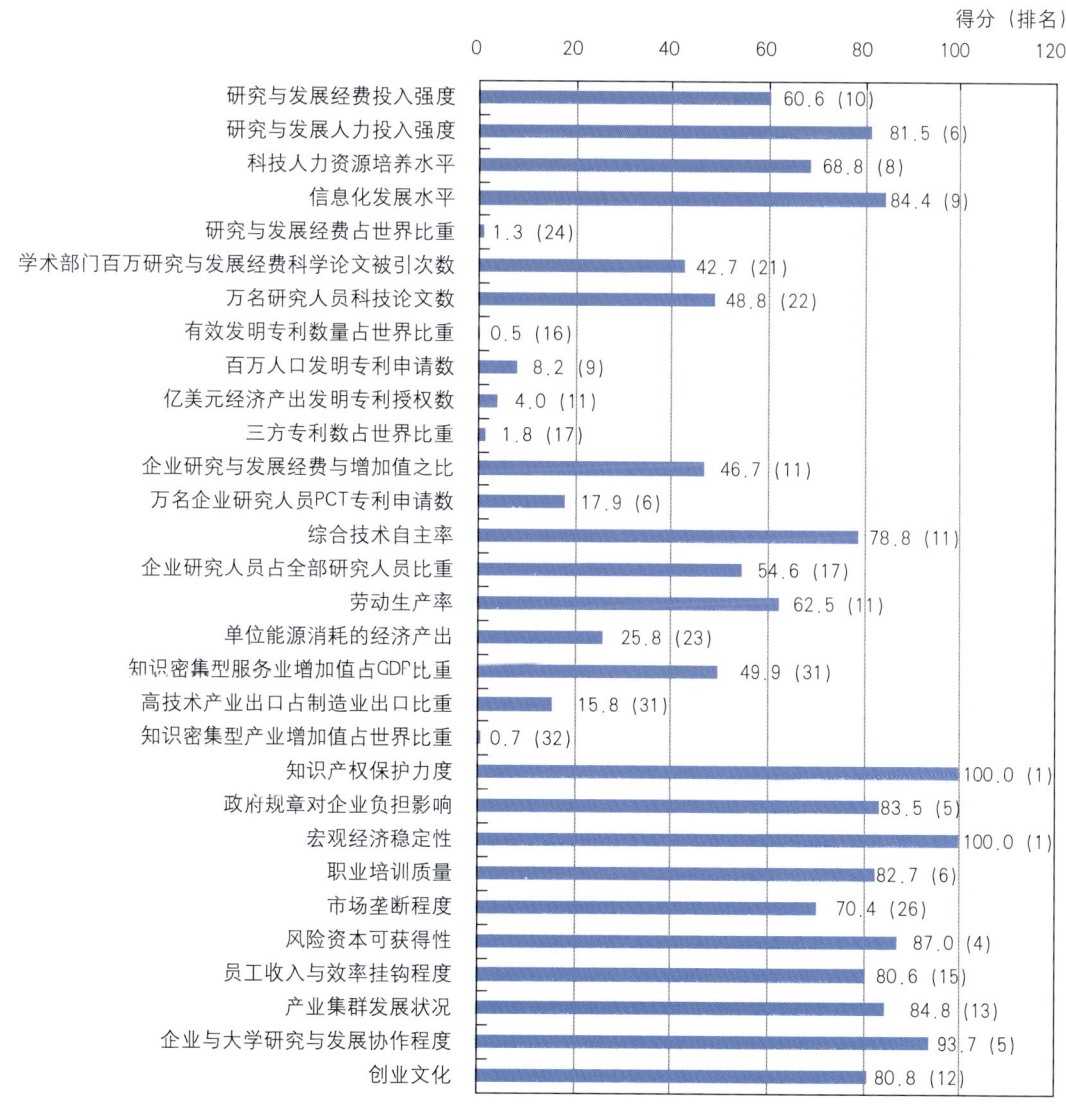

法国

欧洲国家。2017年人口6712万人，国土面积约67.3万平方千米，GDP总量25 825.0亿美元，人均GDP 38 477美元，为高收入国家。单位能耗产出9.93美元/千克标准油；R&D经费投入565.2亿美元；R&D经费投入强度为2.19%；SCI收录论文7.8万篇；PCT专利申请数8014件；高技术产业出口占制造业出口比重为23.55%。

法国国家创新指数综合排名第13位，与上年持平。5个一级指标中，创新资源排名第17位，与上年持平；知识创造排名第23位，较上年提升1位；企业创新排名第6位，较上年提升2位；创新绩效排名第9位，与上年持平；创新环境排名第23位，较上年提升1位。

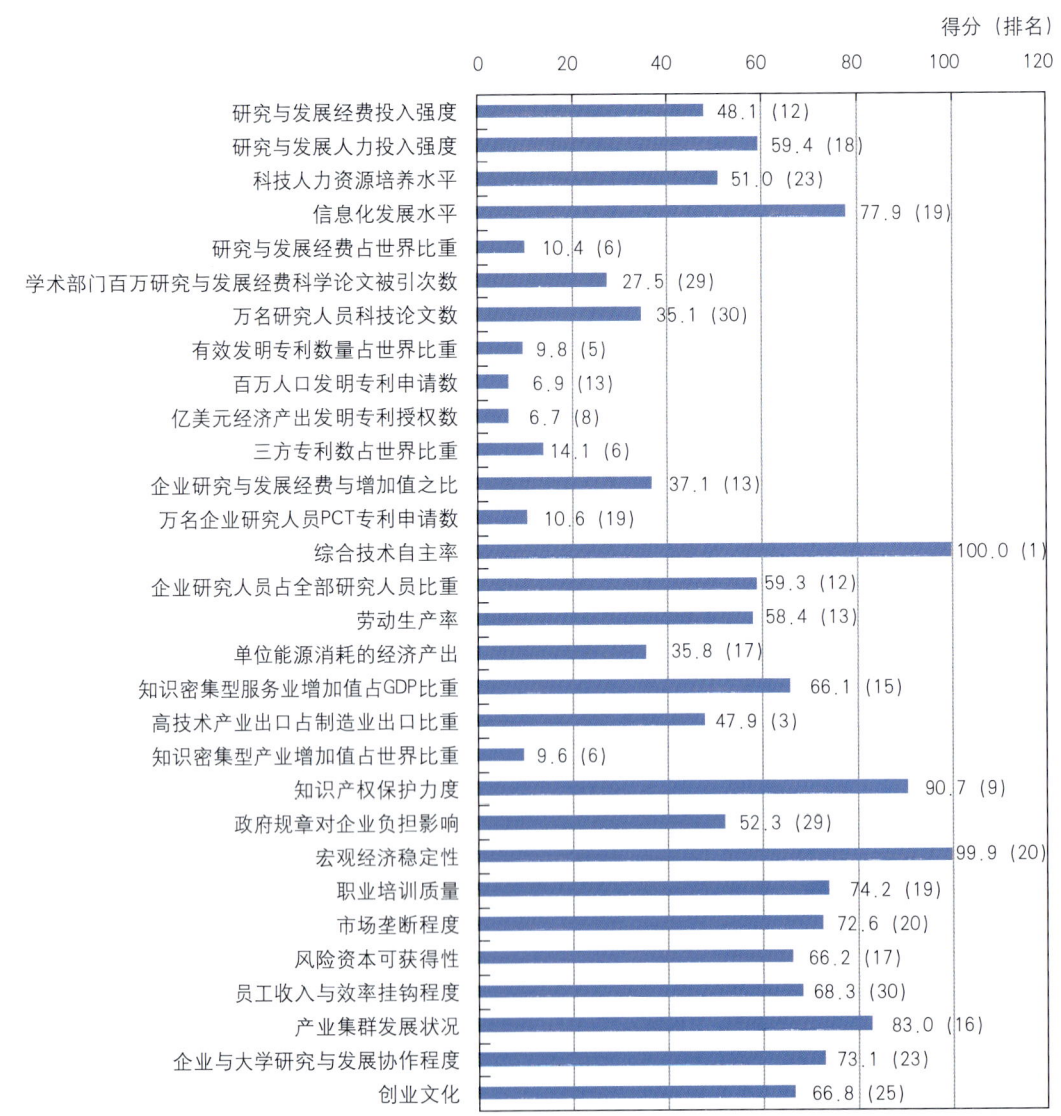

德国

欧洲国家。2017年人口8270万人，国土面积约35.7万平方千米，GDP总量36 774.4亿美元，人均GDP 44 470美元，为高收入国家。单位能耗产出10.82美元/千克标准油；R&D经费投入1116.2亿美元；R&D经费投入强度为3.02%；SCI收录论文11.5万篇；PCT专利申请数18 951件；高技术产业出口占制造业出口比重为13.67%。

德国国家创新指数综合排名第6位，较上年下降1位。5个一级指标中，创新资源排名第9位，较上年提升1位；知识创造排名第28位，较上年提升2位；企业创新排名第5位，与上年持平；创新绩效排名第17位，较上年下降1位；创新环境排名第3位，较上年上升1位。

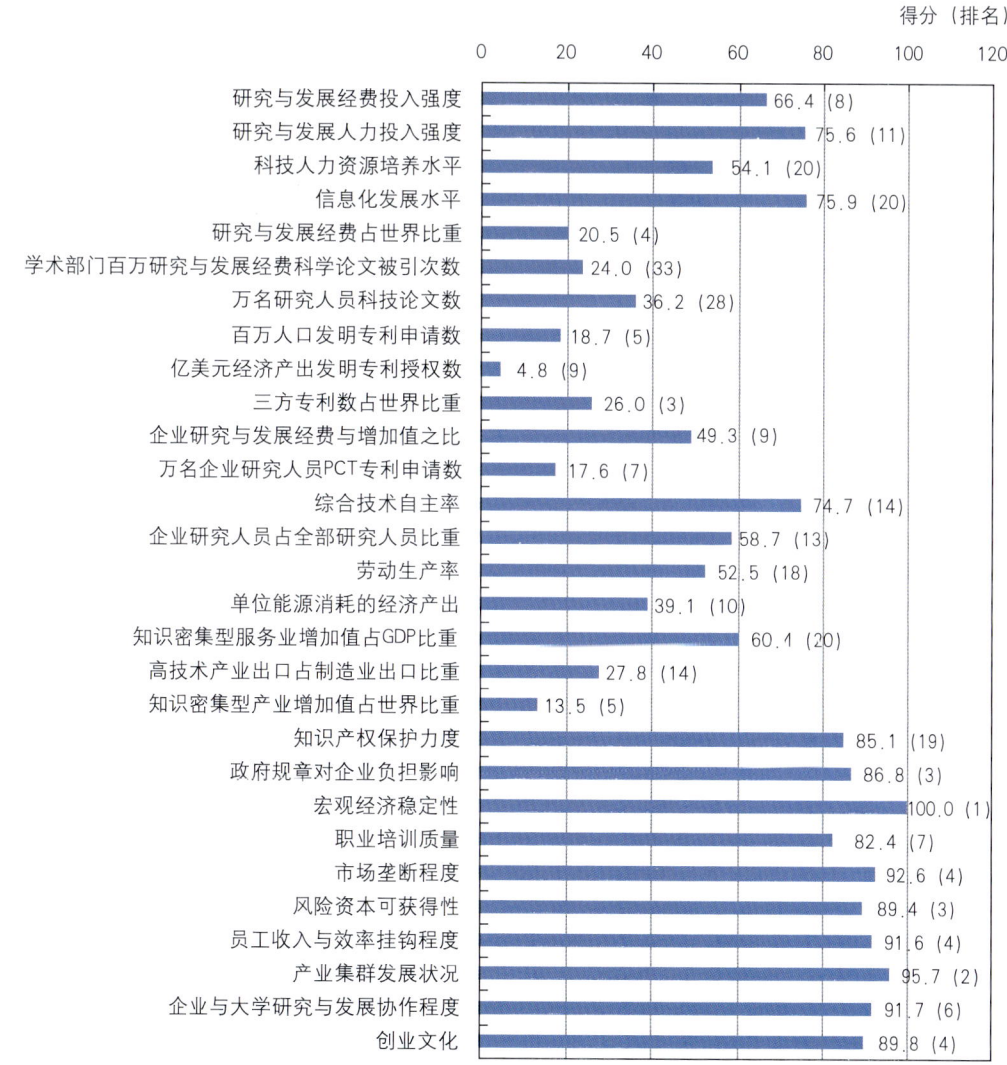

希腊

欧洲国家。2017年人口1076万人，国土面积约13.2万平方千米，GDP总量2002.9亿美元，人均GDP 18 613美元，为高收入国家。单位能耗产出8.28美元/千克标准油；R&D经费投入22.9亿美元；R&D经费投入强度为1.13%；SCI收录论文1.1万篇；PCT专利申请数110件；高技术产业出口占制造业出口比重为10.36%。

希腊国家创新指数综合排名第31位，较上年下降1位。5个一级指标中，创新资源排名第20位，较上年提升6位；知识创造排名第24位，较上年下降5位；企业创新排名第29位，与上年持平；创新绩效排名第26位，与上年持平；创新环境排名第40位，与上年持平。

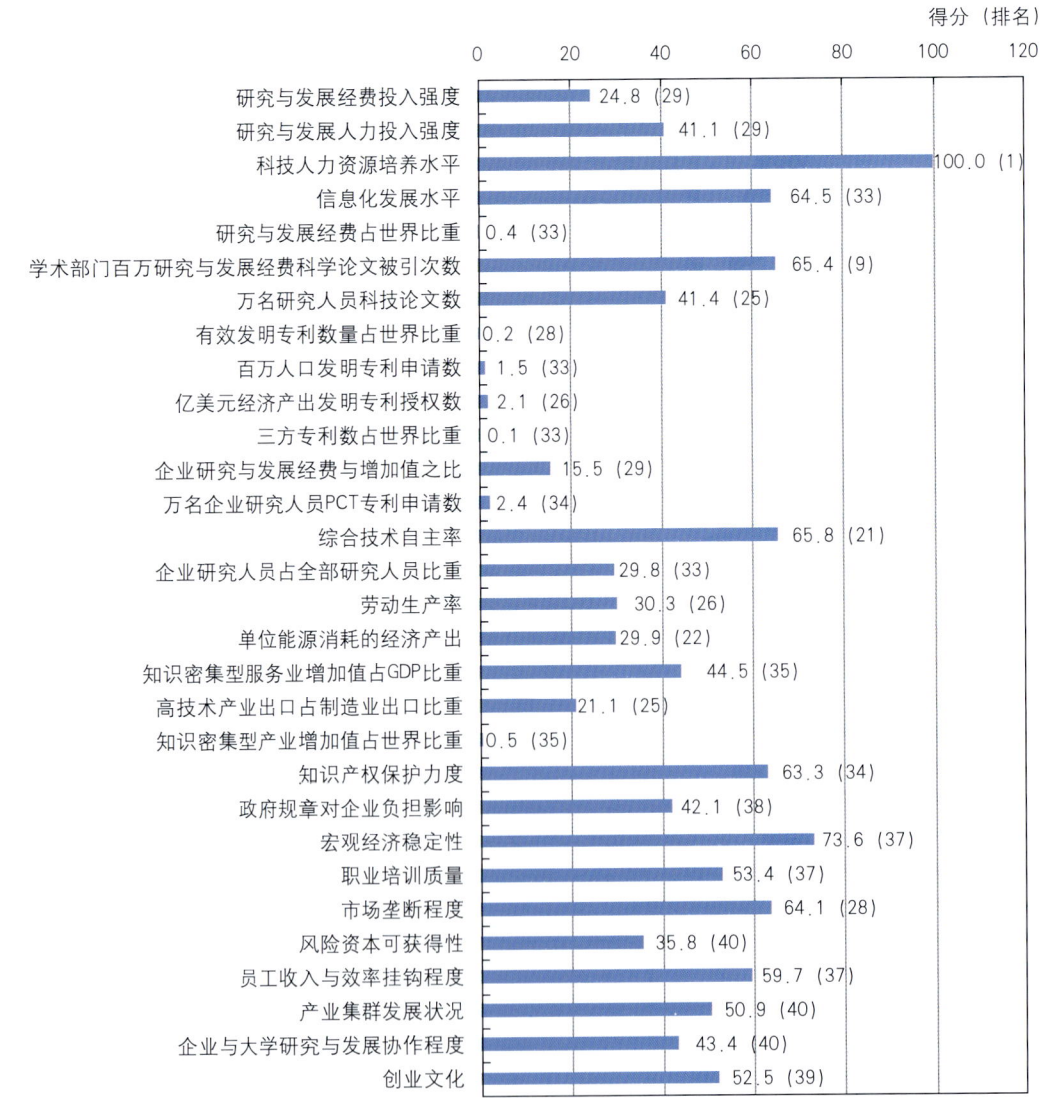

匈牙利

欧洲国家。2017年人口978万人，国土面积约9.3万平方千米，GDP总量1391.4亿美元，人均GDP 14 225美元，为中高收入国家。单位能耗产出5.13美元/千克标准油；R&D经费投入18.8亿美元；R&D经费投入强度为1.35%；SCI收录论文7445篇；PCT专利申请数147件；高技术产业出口占制造业出口比重为13.80%。

匈牙利国家创新指数综合排名第30位，较上年下降1位。5个一级指标中，创新资源排名第32位，较上年提升1位；知识创造排名第15位，较上年下降6位；企业创新排名第26位，较上年提升5位；创新绩效排名第31位，较上年提升1位；创新环境排名第35位，较上年提升1位。

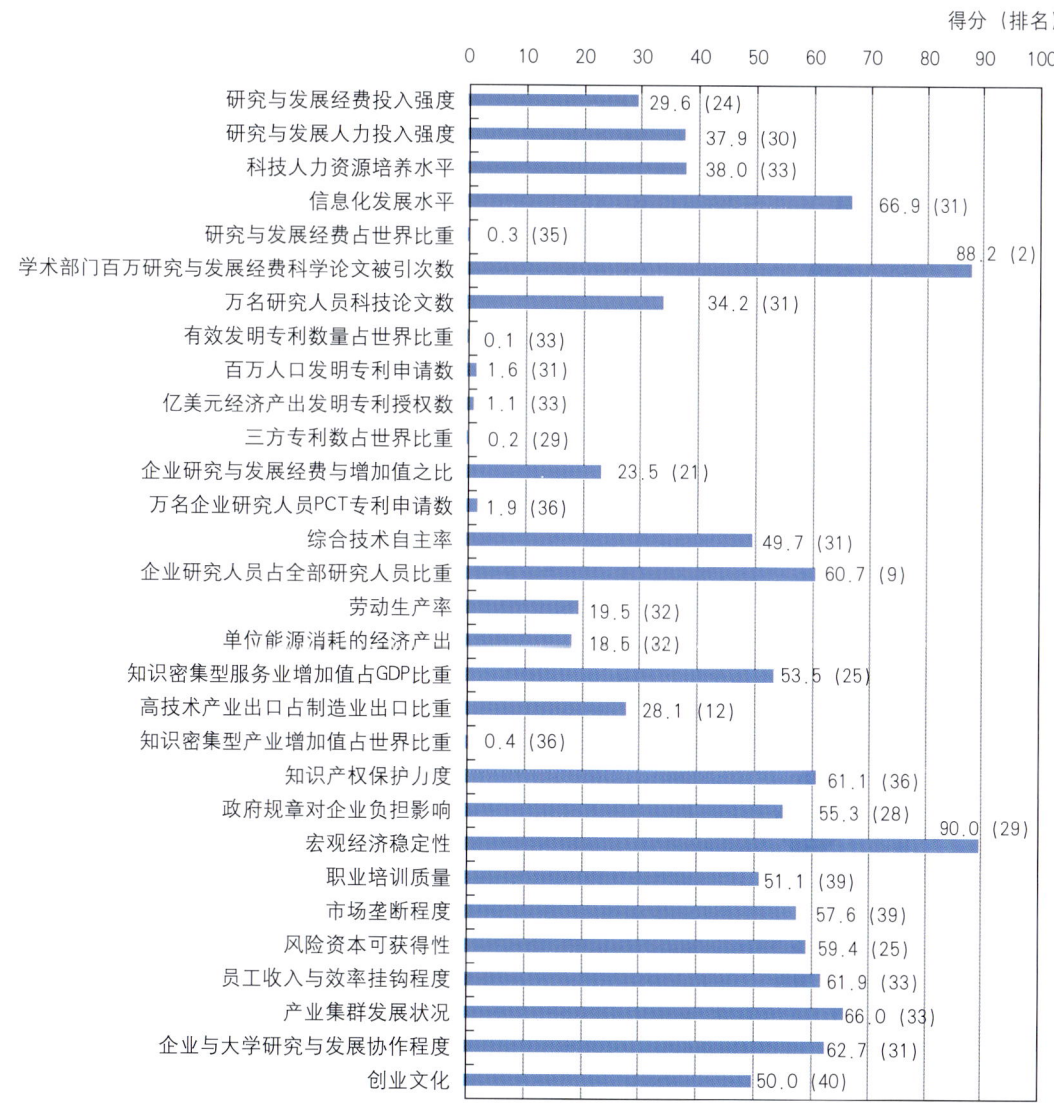

冰岛

欧洲国家。2017年人口34万人,国土面积约10.3万平方千米,GDP总量239.1亿美元,人均GDP 70 057美元,为高收入国家。单位能耗产出2.93美元/千克标准油;R&D经费投入5.2亿美元;R&D经费投入强度为2.13%;SCI收录论文1195篇;PCT专利申请数39件;高技术产业出口占制造业出口比重为13.78%。

冰岛国家创新指数综合排名第19位,较上年下降1位。5个一级指标中,创新资源排名第11位,与上年持平;知识创造排名第10位,较上年下降4位;企业创新排名第27位,与上年持平;创新绩效排名第18位,较上年下降3位;创新环境排名第21位,较上年下降2位。

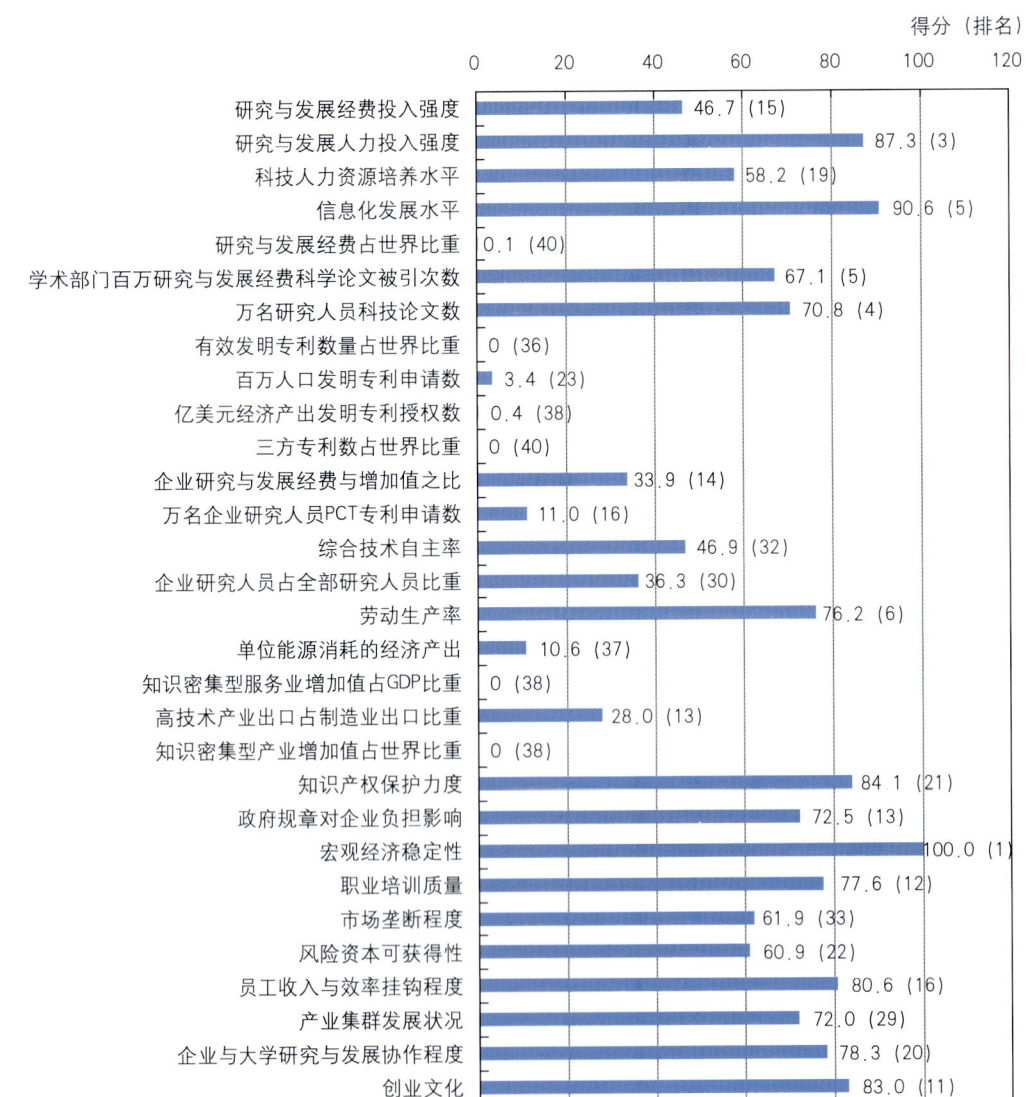

印度

亚洲国家。2017年人口13.39亿人，国土面积约298万平方千米，GDP总量26 008.2亿美元，人均GDP 1942美元，为中低收入国家。单位能耗产出2.52美元/千克标准油；R&D经费投入156.1亿美元；R&D经费投入强度为0.60%；SCI收录论文7.0万篇；PCT专利申请数1583件；高技术产业出口占制造业出口比重为7.01%。

印度国家创新指数综合排名第39位，较上年下降1位。5个一级指标中，创新资源排名第40位，与上年持平；知识创造排名第38位，较上年下降2位；企业创新排名第40位，较上年下降1位；创新绩效排名第39位，与上年持平；创新环境排名第19位，较上年提升2位。

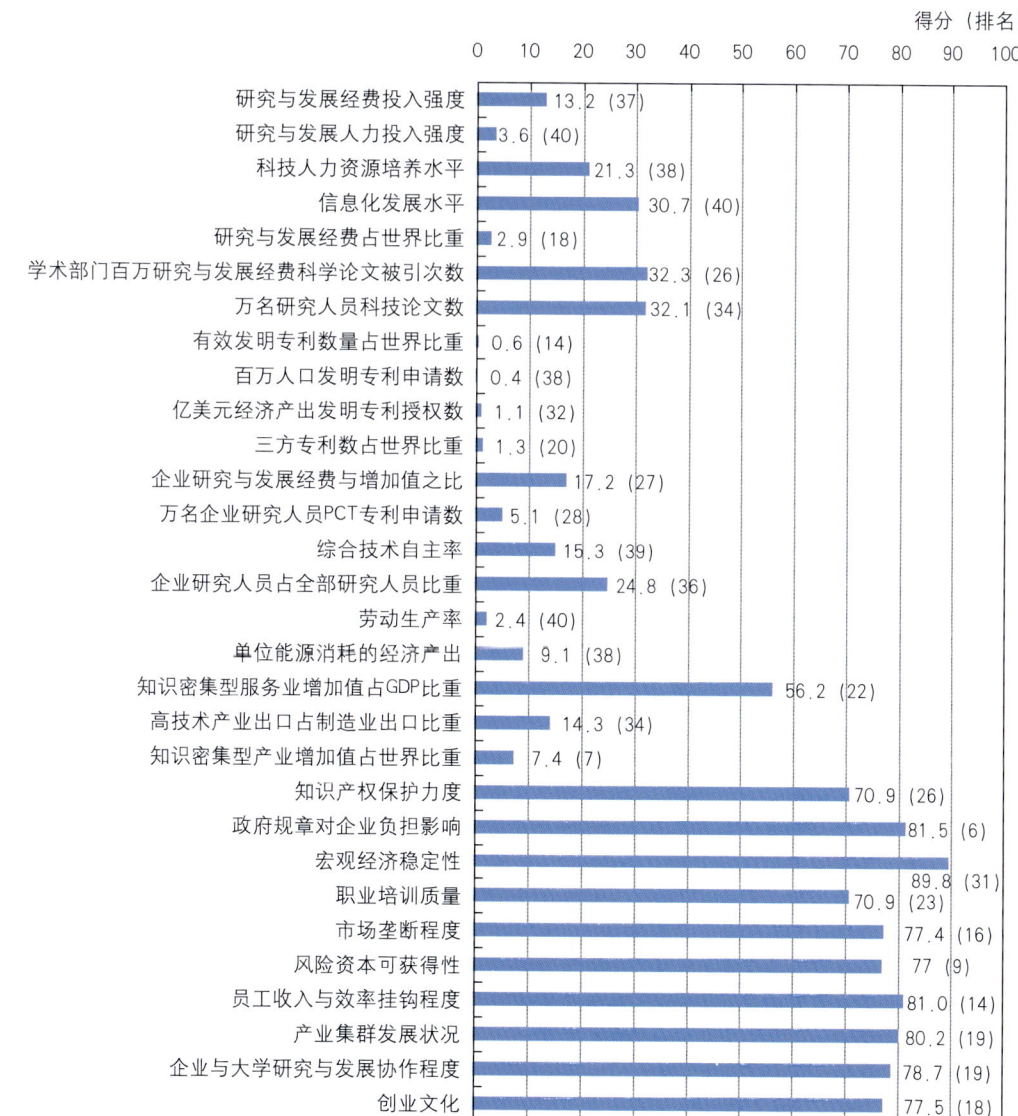

爱尔兰

欧洲国家。2017年人口481万人，国土面积约7万平方千米，GDP总量3337.3亿美元，人均GDP 69 331美元，为高收入国家。单位能耗产出21.80美元/千克标准油；R&D经费投入34.8亿美元；R&D经费投入强度为1.05%；SCI收录论文9069篇；PCT专利申请数486件；高技术产业出口占制造业出口比重为21.45%。

爱尔兰国家创新指数综合排名第14位，较上年提升1位。5个一级指标中，创新资源排名第27位，较上年下降8位；知识创造排名第13位，较上年提升14位；企业创新排名第33位，较上年提升1位；创新绩效排名第2位，较上年提升1位；创新环境排名第14位，与上年持平。

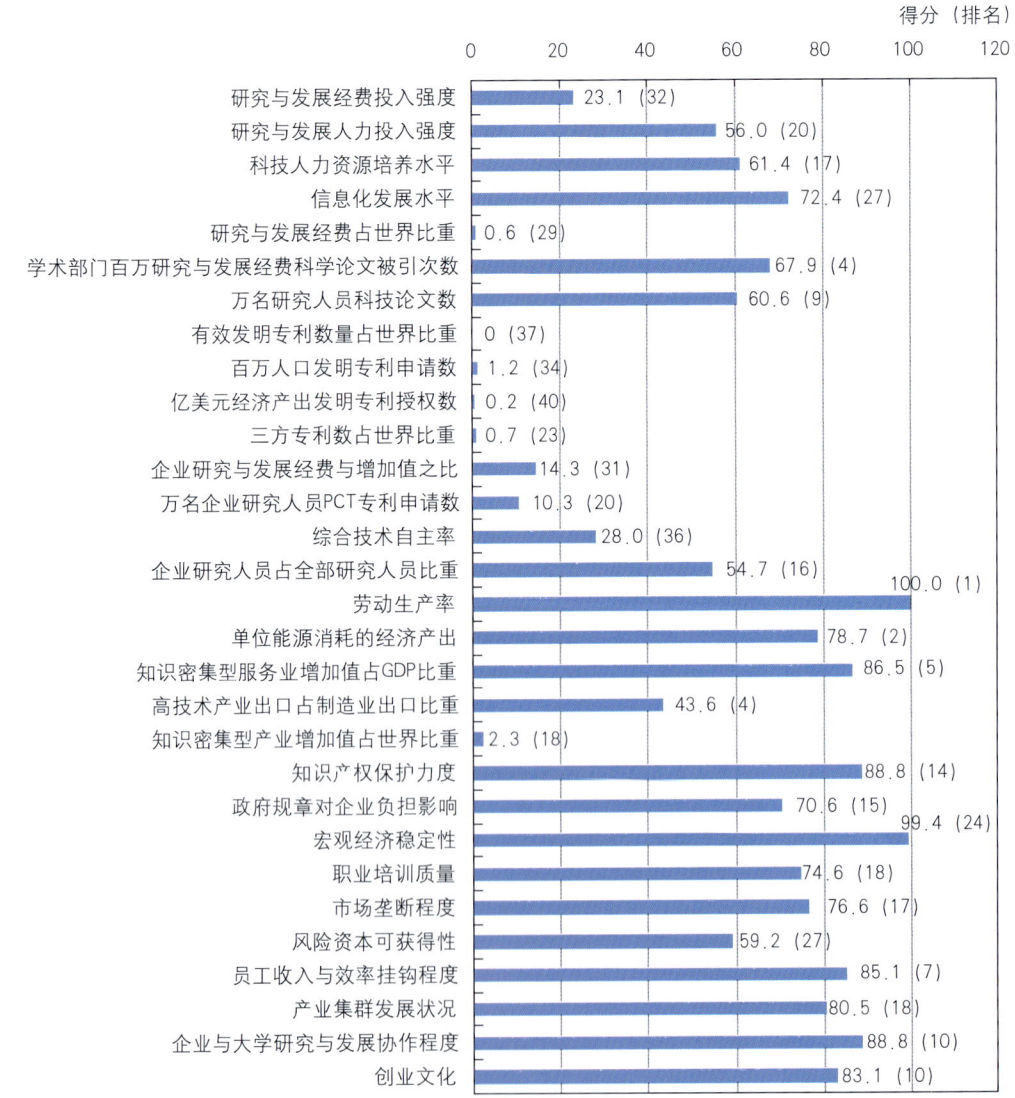

以色列

亚洲国家。2017年人口871万人，国土面积约2.6万平方千米，GDP总量3508.5亿美元，人均GDP 40 270美元，为高收入国家。单位能耗产出12.85美元/千克标准油；R&D经费投入160.6亿美元；R&D经费投入强度为4.54%；SCI收录论文1.5万篇；PCT专利申请数1816件；高技术产业出口占制造业出口比重为13.04%。

以色列国家创新指数综合排名第8位，与上年持平。5个一级指标中，创新资源排名第5位，较上年下降2位；知识创造排名第34位，较上年下降1位；企业创新排名第4位，与上年持平；创新绩效排名第19位，与上年持平；创新环境排名第11位，较上年提升1位。

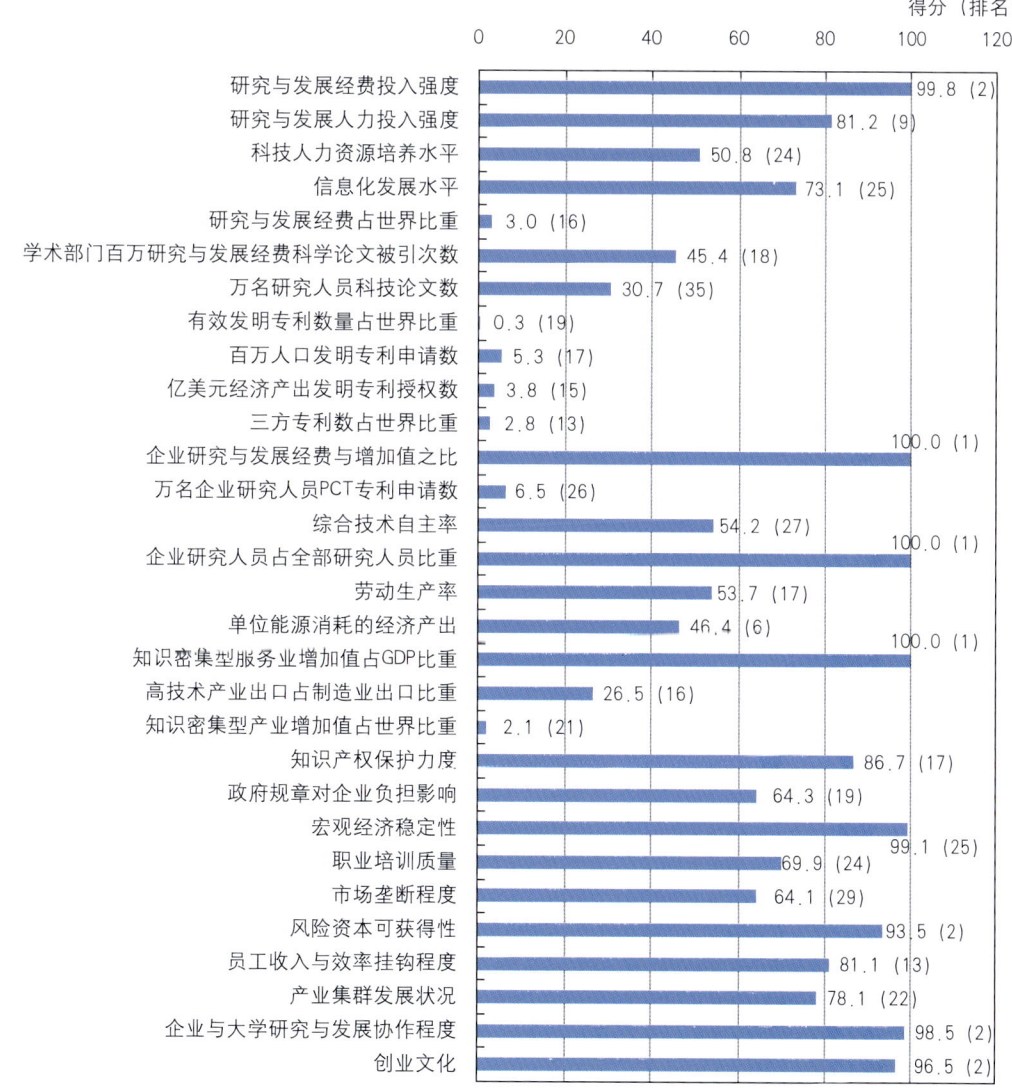

国别分析 63

意大利

欧洲国家。2017年人口6055万人，国土面积约30.1万平方千米，GDP总量19 348.0亿美元，人均GDP 31 953美元，为高收入国家。单位能耗产出12.16美元/千克标准油；R&D经费投入263.2亿美元；R&D经费投入强度为1.35%；SCI收录论文7.2万篇；PCT专利申请数3225件；高技术产业出口占制造业出口比重为6.84%。

意大利国家创新指数综合排名第25位，与上年持平。5个一级指标中，创新资源排名第30位，与上年持平；知识创造排名第5位，与上年持平；企业创新排名第22位，较上年下降6位；创新绩效排名第22位，较上年下降1位；创新环境排名第28位，较上年提升7位。

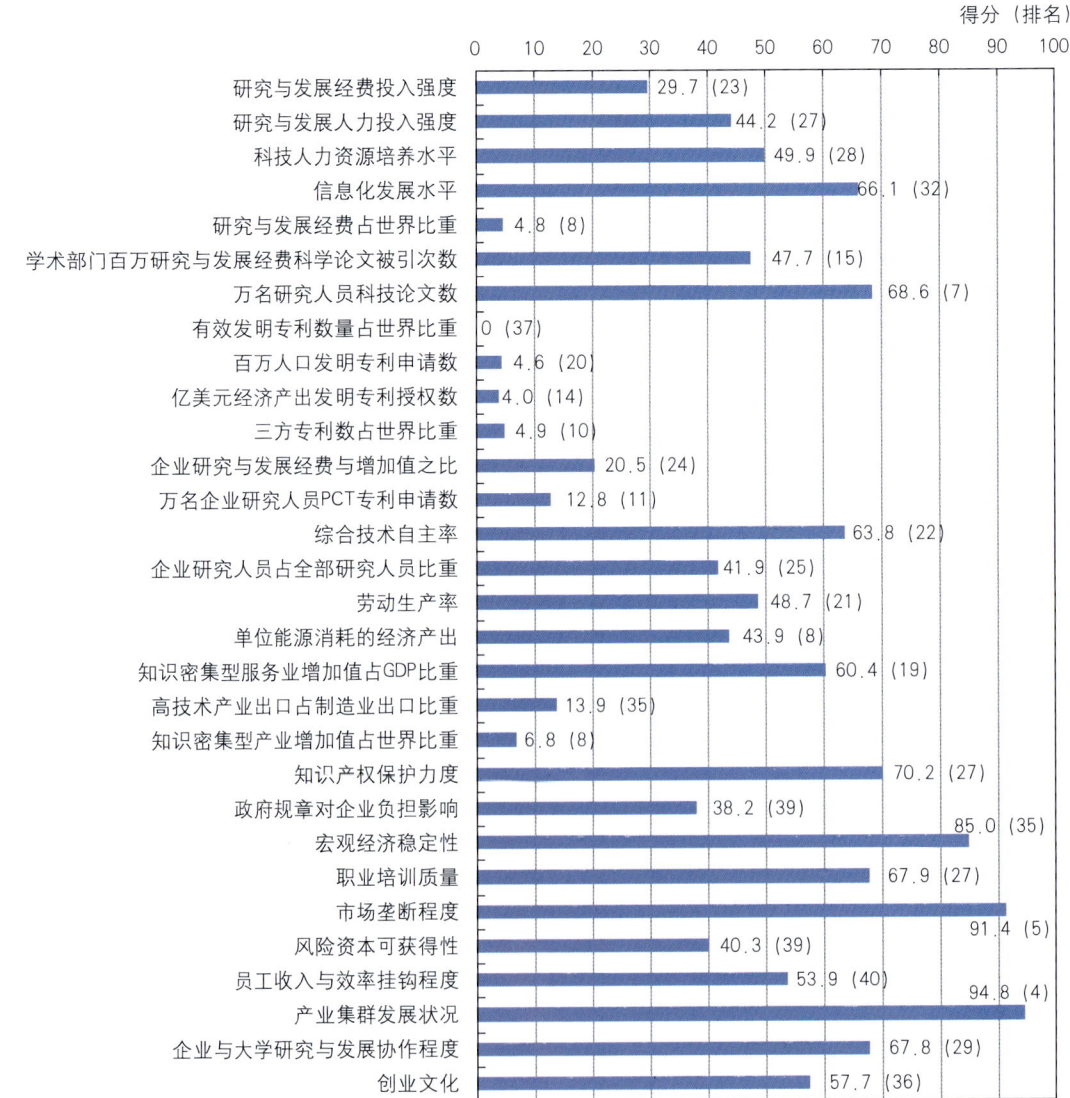

日本

亚洲国家。2017年人口约1.27亿人，国土面积约37.8万平方千米，GDP总量48 721.4亿美元，人均GDP 38 428美元，为高收入国家。单位能耗产出10.08美元/千克标准油；R&D经费投入1561.3亿美元；R&D经费投入强度为3.20%；SCI收录论文8.2万篇；PCT专利申请数48 205件；高技术产业出口占制造业出口比重为13.81%。

日本国家创新指数综合排名第2位，与上年持平。5个一级指标中，创新资源排名第4位，较上年提升4位；知识创造排名第2位，与上年持平；企业创新排名第1位，与上年持平；创新绩效排名第13位，较上年上升1位；创新环境排名第10位，较上年提升8位。

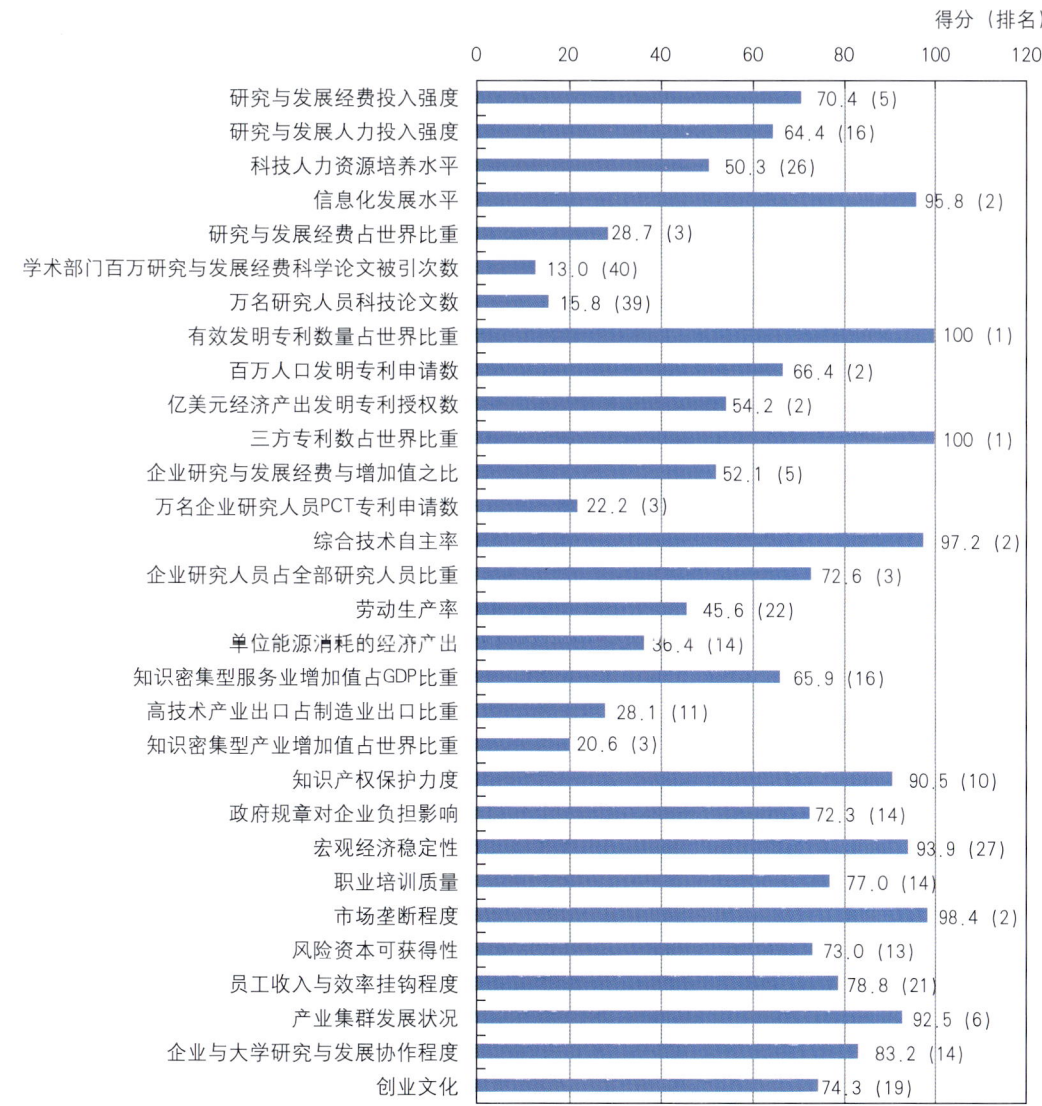

韩国

亚洲国家。2017年人口5147万人，国土面积约10.0万平方千米，GDP总量15 307.5亿美元，人均GDP 29 743美元，为高收入国家。单位能耗产出5.01美元/千克标准油；R&D经费投入697.0亿美元；R&D经费投入强度为4.55%；SCI收录论文6.0万篇；PCT专利申请数15 751件；高技术产业出口占制造业出口比重为14.18%。

韩国国家创新指数综合排名第3位，较上年提升1位。5个一级指标中，创新资源排名第1位，较上年提升1位；知识创造排名第1位，与上年持平；企业创新排名第3位，与上年持平；创新绩效排名第25位，较上年下降1位；创新环境排名第25位，较上年下降2位。

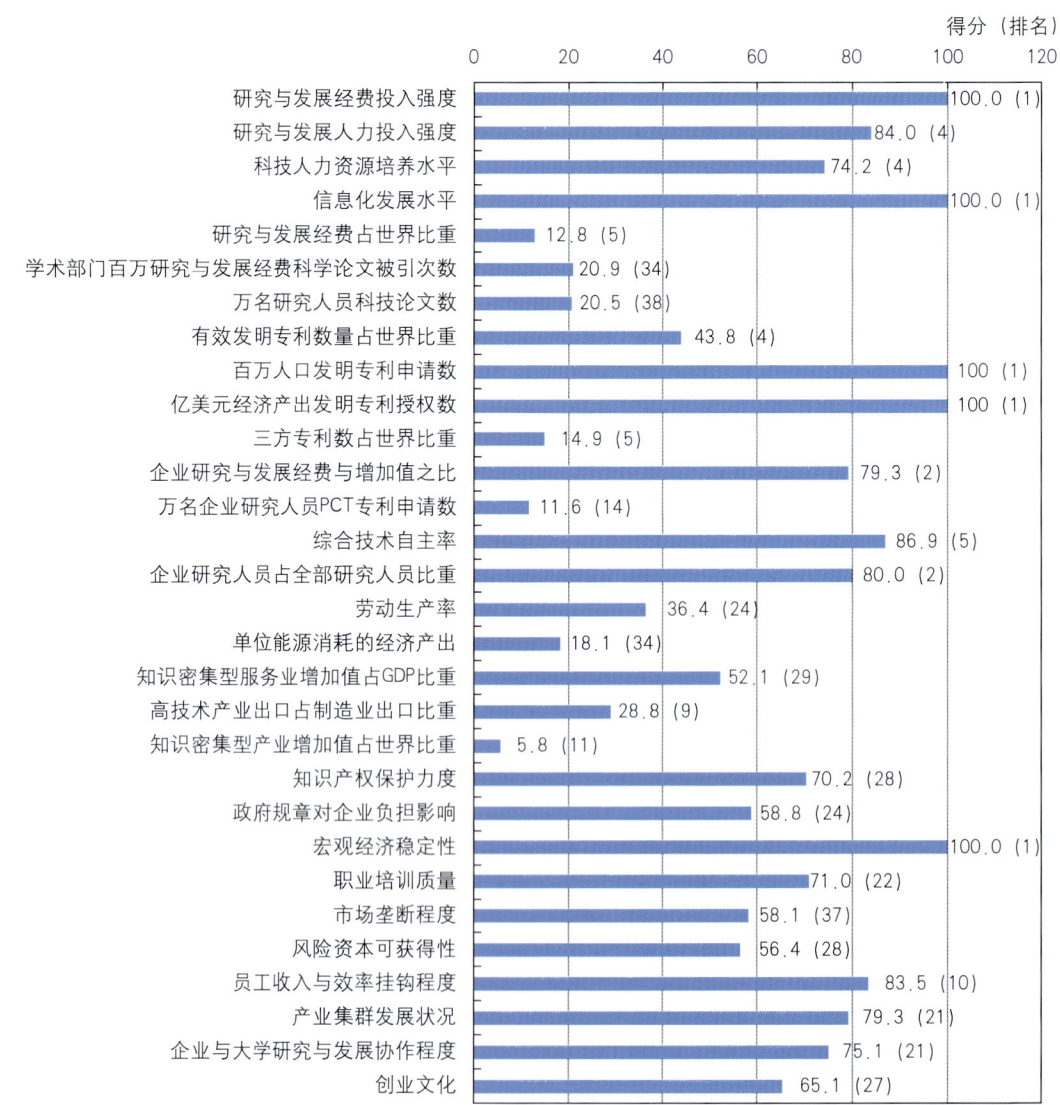

卢森堡

欧洲国家。2017年人口60万人，国土面积约2586.4平方千米，GDP总量624.0亿美元，人均GDP 104 103美元，为高收入国家。单位能耗产出15.49美元/千克标准油；R&D经费投入7.8亿美元；R&D经费投入强度为1.26%；SCI收录论文1198篇；PCT专利申请数499件；高技术产业出口占制造业出口比重为6.71%。

卢森堡国家创新指数综合排名第17位，较上年提升3位。5个一级指标中，创新资源排名第28位，与上年持平；知识创造排名第31位，较上年下降15位；企业创新排名第15位，较上年下降2位；创新绩效排名第5位，较上年提升5位；创新环境排名第9位，较上年下降1位。

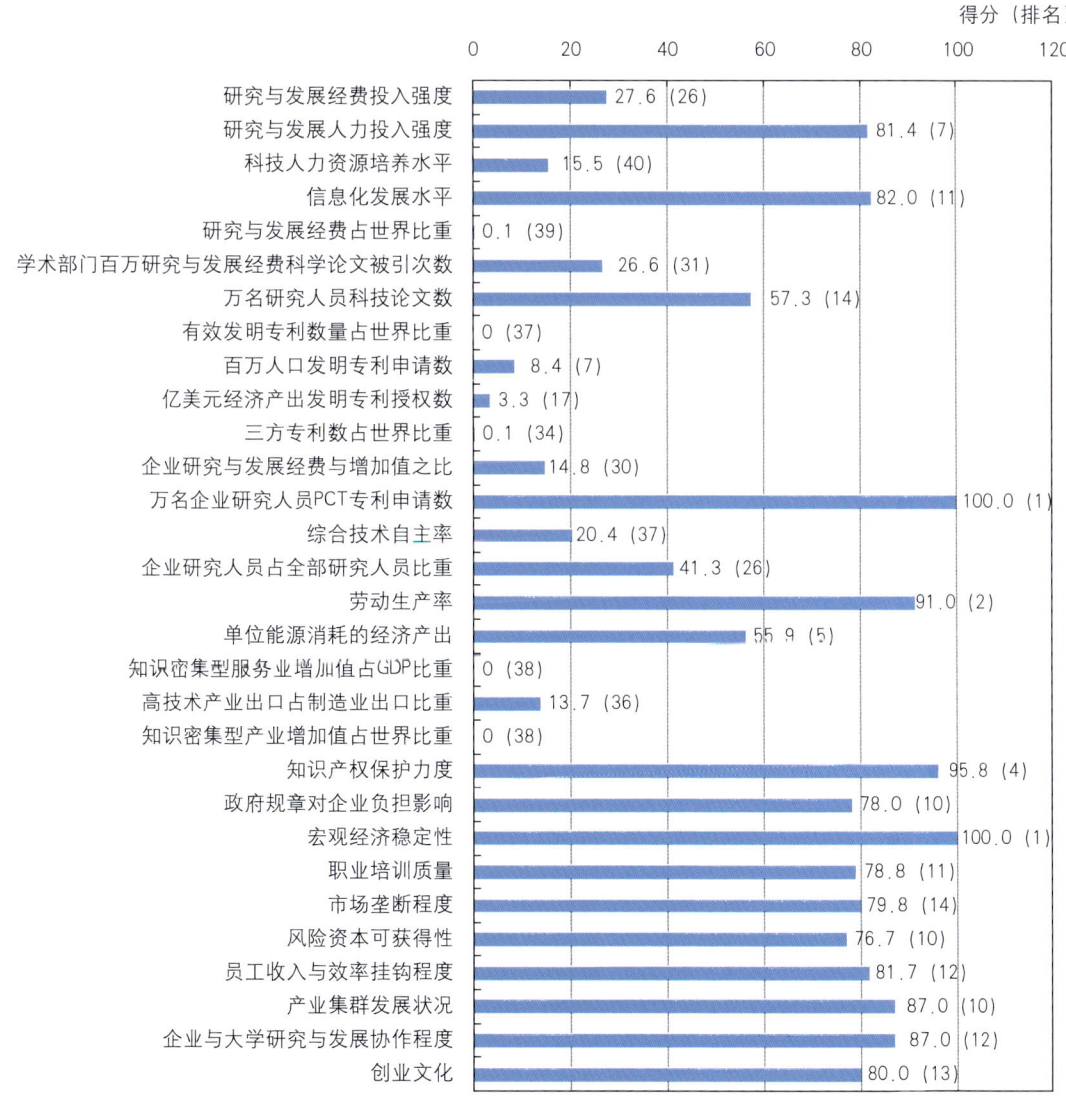

墨西哥

北美洲国家。2017年人口1.29亿人，国土面积约197.3万平方千米，GDP总量11 508.9亿美元，人均GDP 8910美元，为中高收入国家。单位能耗产出6.25美元/千克标准油；R&D经费投入52.4亿美元；R&D经费投入强度为0.49%；SCI收录论文1.6万篇；PCT专利申请数270件；高技术产业出口占制造业出口比重为15.17%。

墨西哥国家创新指数综合排名第37位，与上年持平。5个一级指标中，创新资源排名第38位，与上年持平；知识创造排名第33位，较上年提升1位；企业创新排名第37位，较上年下降1位；创新绩效排名第35位，较上年提升1位；创新环境排名第31位，较上年提升1位。

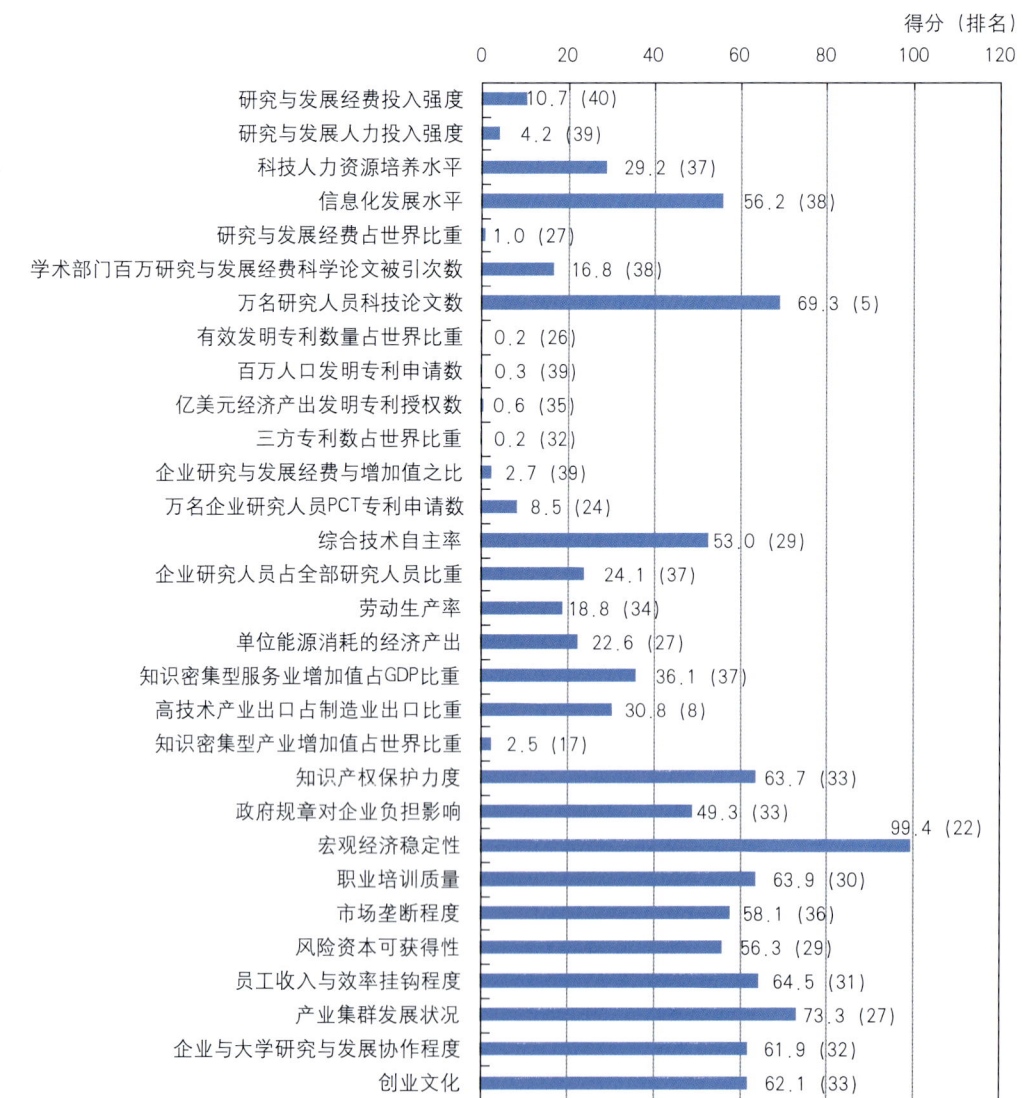

荷兰

欧洲国家。2017年人口1713万人，国土面积约4.2万平方千米，GDP总量8262.0亿美元，人均GDP 48 223美元，为高收入国家。单位能耗产出10.57美元/千克标准油；R&D经费投入165.4亿美元；R&D经费投入强度为1.99%；SCI收录论文4.2万篇；PCT专利申请数4430件；高技术产业出口占制造业出口比重为18.58%。

荷兰国家创新指数综合排名第9位，较上年提升3位。5个一级指标中，创新资源排名第15位，较上年下降2位；知识创造排名第14位，较上年下降1位；企业创新排名第16位，较上年提升2位；创新绩效排名第11位，与上年持平；创新环境排名第5位，较上年提升1位。

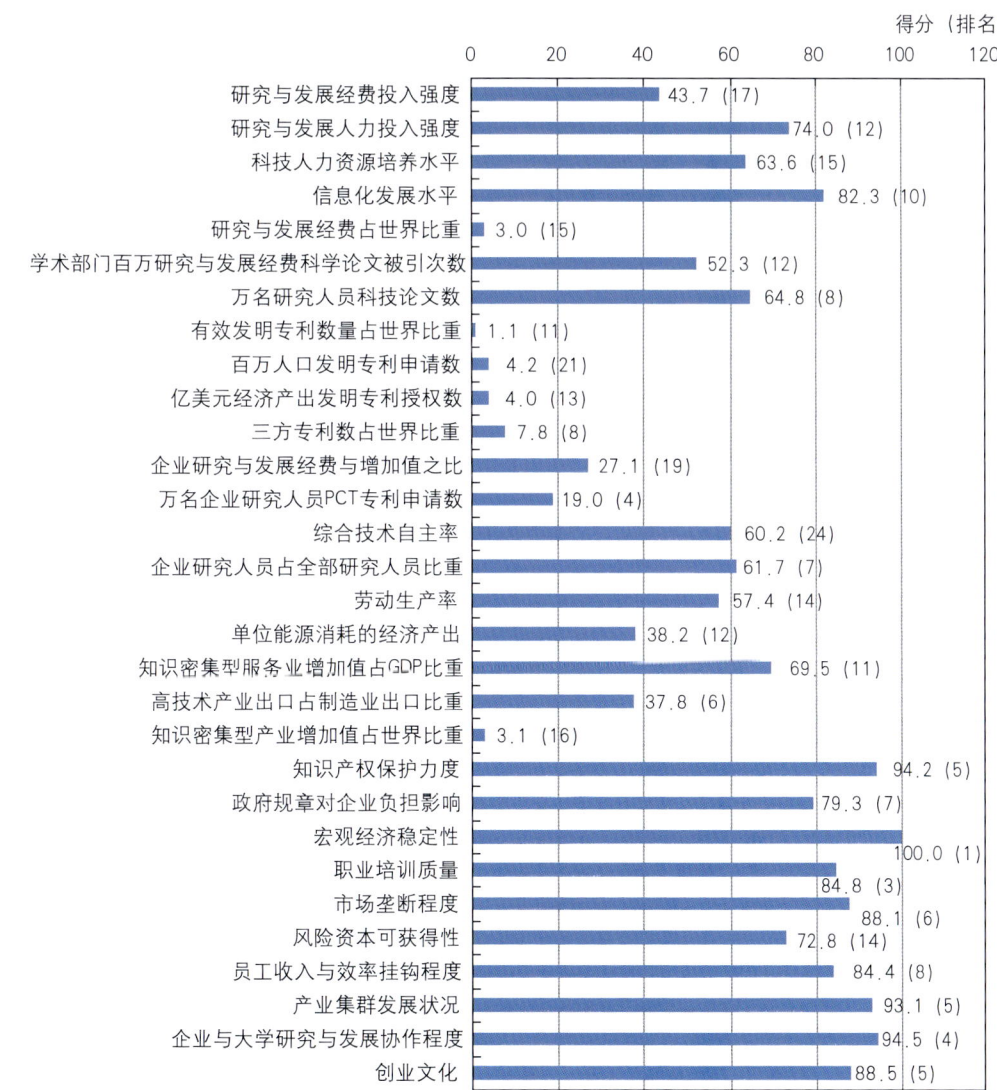

新西兰

大洋洲国家。2017年人口479万人，国土面积约26.8万平方千米，GDP总量2058.5亿美元，人均GDP 42 941美元，为高收入国家。单位能耗产出8.70美元/千克标准油；R&D经费投入21.8亿美元；R&D经费投入强度为1.23%；SCI收录论文1.0万篇；PCT专利申请数273件；高技术产业出口占制造业出口比重为8.58%。

新西兰国家创新指数综合排名第22位，与上年持平。5个一级指标中，创新资源排名第24位，较上年下降3位；知识创造排名第8位，较上年提升3位；企业创新排名第35位，较上年下降5位；创新绩效排名第16位，较上年提升1位；创新环境排名第13位，较上年下降2位。

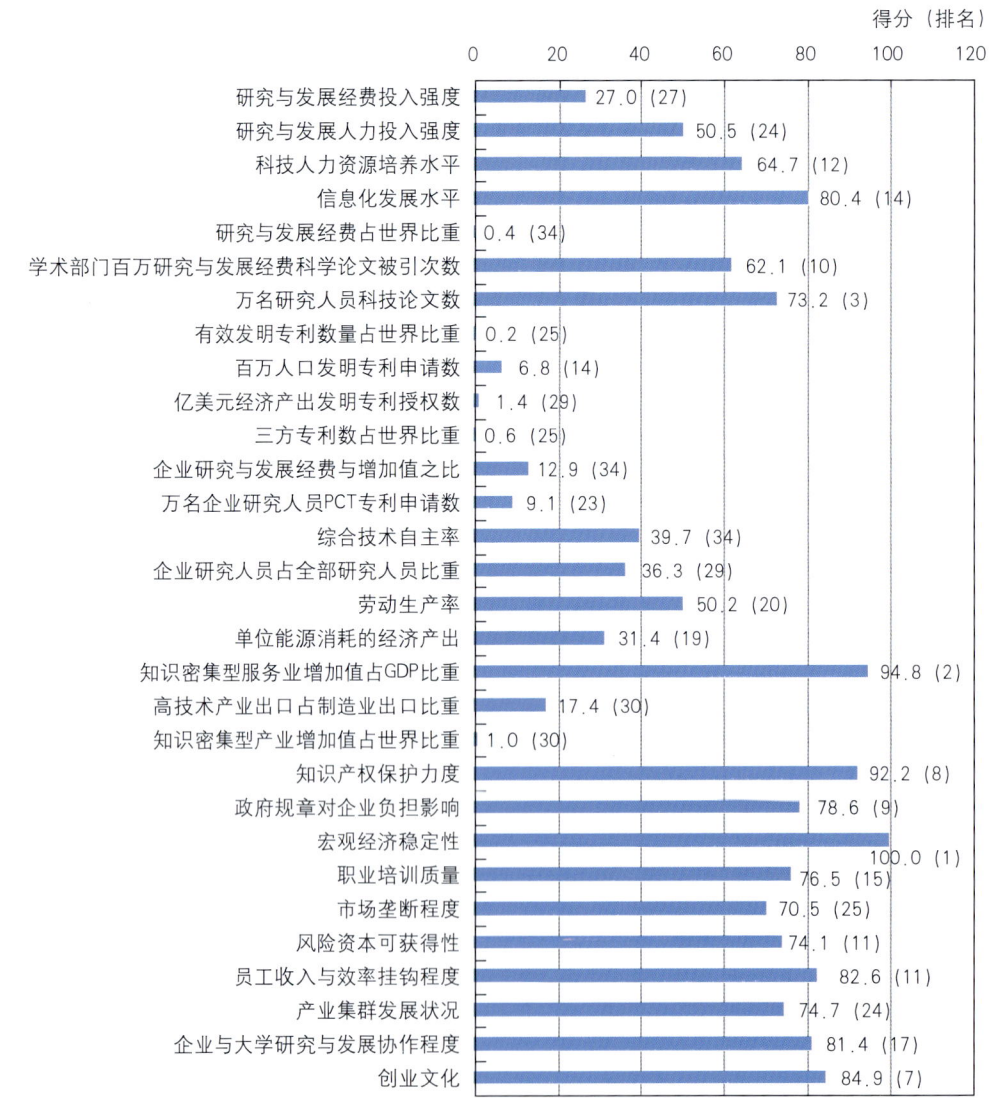

挪威

欧洲国家。2017年人口528万人,国土面积约38.5万平方千米,GDP总量3988.3亿美元,人均GDP 75 505美元,为高收入国家。单位能耗产出12.81美元/千克标准油;R&D经费投入84.3亿美元;R&D经费投入强度为2.11%;SCI收录论文1.5万篇;PCT专利申请数820件;高技术产业出口占制造业出口比重为18.43%。

挪威国家创新指数综合排名第16位,与上年持平。5个一级指标中,创新资源排名第12位,与上年持平;知识创造排名第22位,较上年下降4位;企业创新排名第24位,较上年提升2位;创新绩效排名第7位,与上年持平;创新环境排名第15位,较上年下降6位。

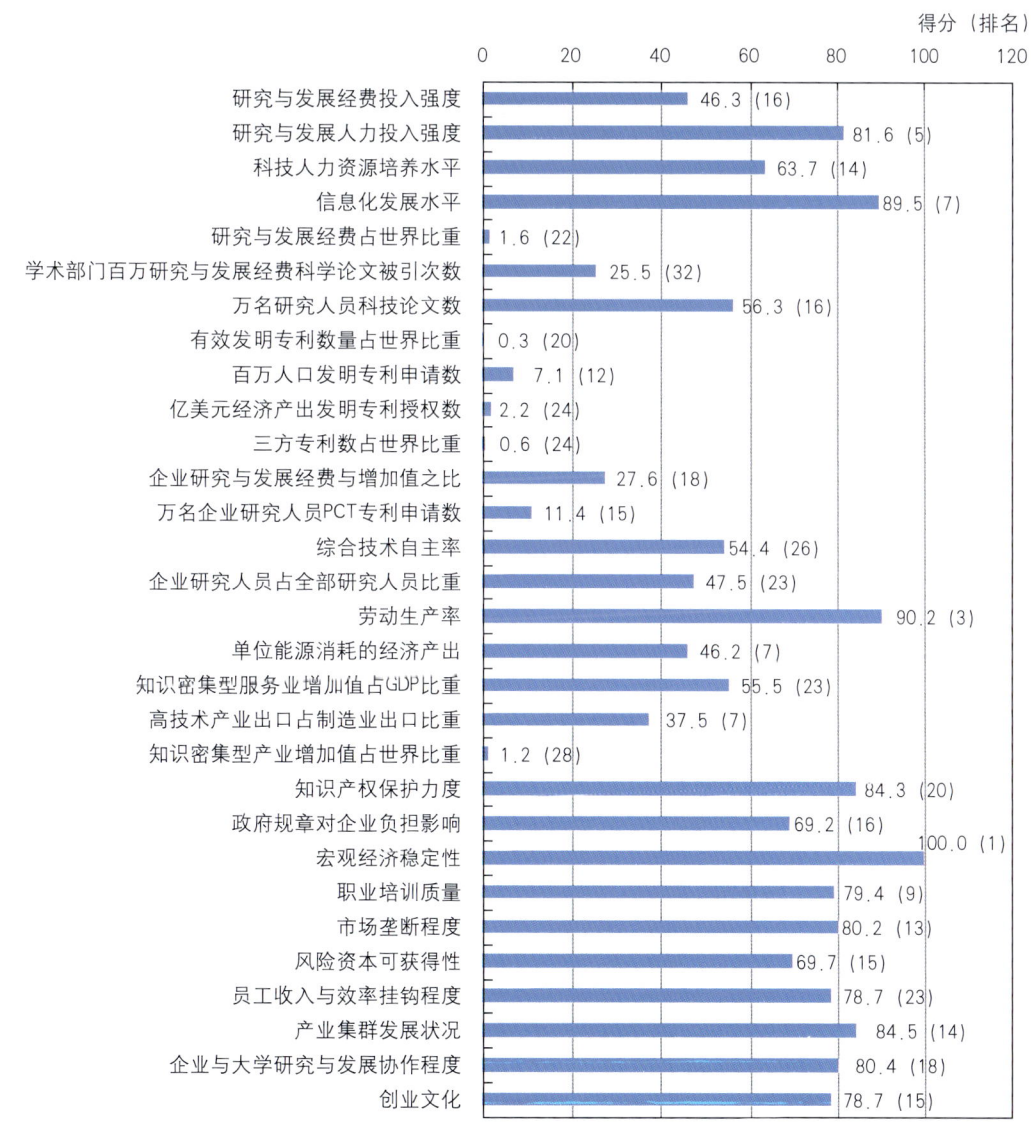

波兰

欧洲国家。2017年人口3798万人，国土面积约31.3万平方千米，GDP总量5264.7亿美元，人均GDP 13 863美元，为中高收入国家。单位能耗产出5.04美元/千克标准油；R&D经费投入54.5亿美元；R&D经费投入强度为1.03%；SCI收录论文2.9万篇；PCT专利申请数330件；高技术产业出口占制造业出口比重为7.74%。

波兰国家创新指数综合排名第29位，较上年提升2位。5个一级指标中，创新资源排名第33位，较上年下降1位；知识创造排名第18位，较上年提升5位；企业创新排名第18位，较上年提升10位；创新绩效排名第36位，较上年下降2位；创新环境排名第34位，较上年下降4位。

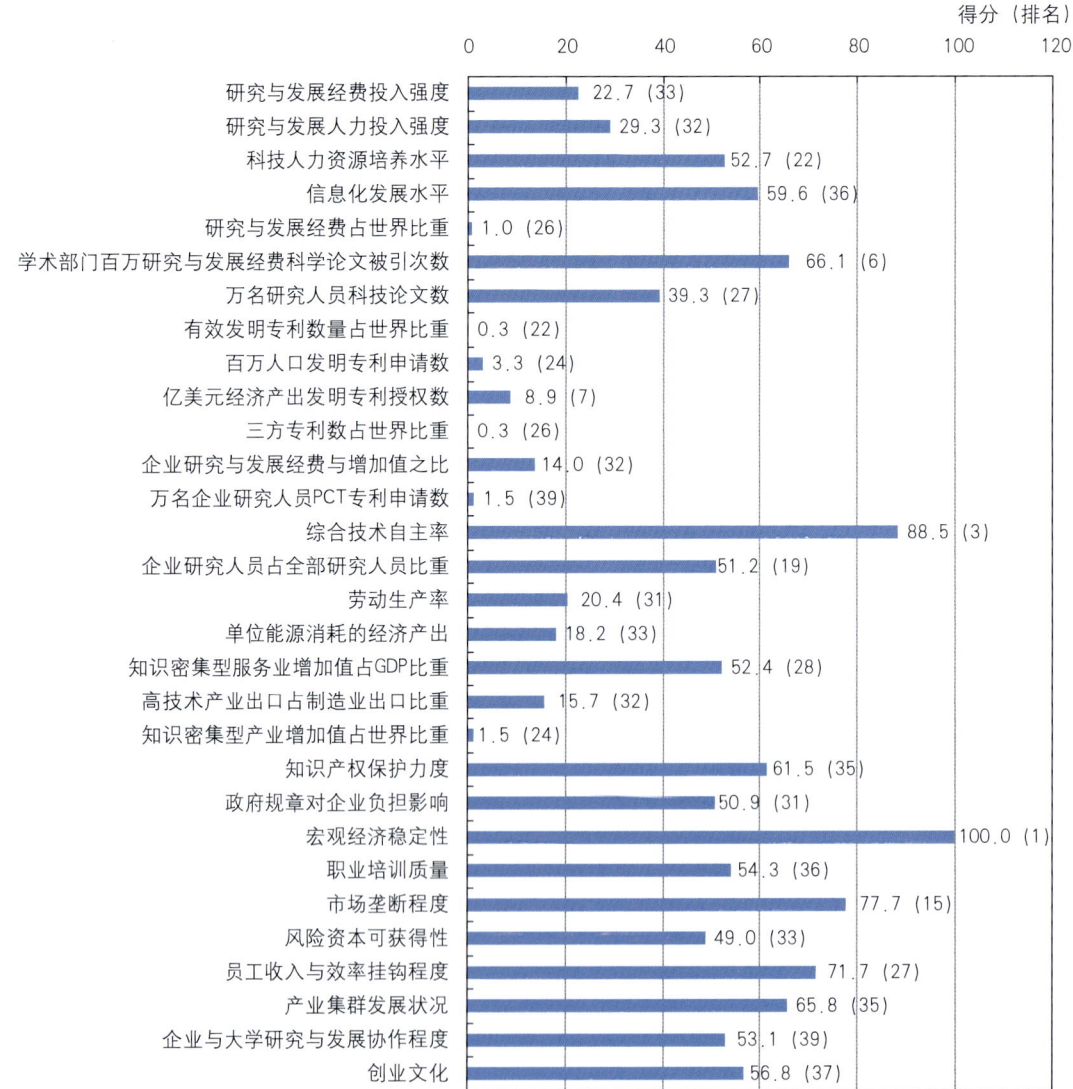

葡萄牙

欧洲国家。2017年人口1029万人，国土面积约9.2万平方千米，GDP总量2175.7亿美元，人均GDP 21 136美元，为高收入国家。单位能耗产出9.03美元/千克标准油；R&D经费投入28.9亿美元；R&D经费投入强度为1.32%；SCI收录论文1.5万篇；PCT专利申请数201件；高技术产业出口占制造业出口比重为4.98%。

葡萄牙国家创新指数综合排名第28位，与上年持平。5个一级指标中，创新资源排名第29位，与上年持平；知识创造排名第21位，与上年持平；企业创新排名第25位，较上年下降1位；创新绩效排名第32位，较上年下降4位；创新环境排名第26位，较上年提升1位。

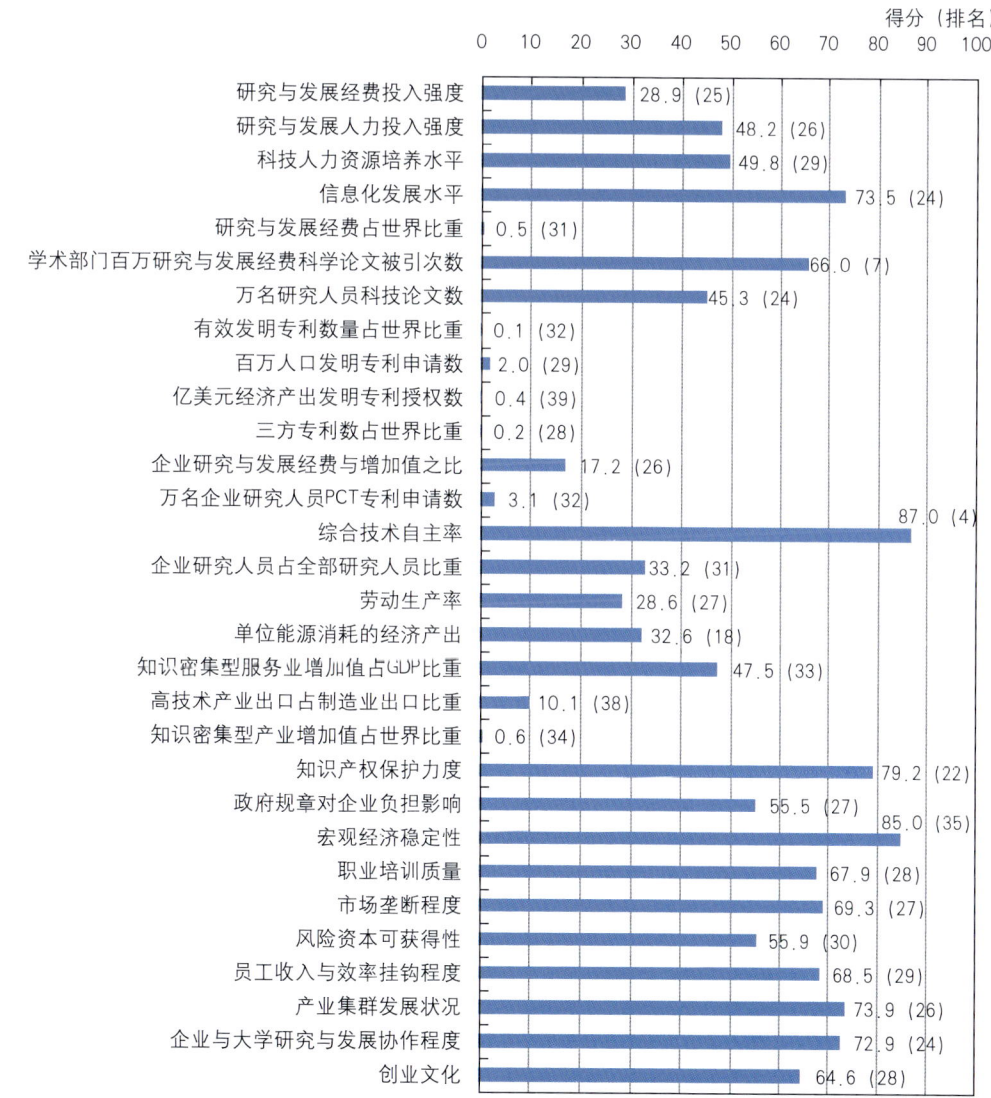

罗马尼亚

欧洲国家。2017年人口1959万人，国土面积约23.8万平方千米，GDP总量2118.8亿美元，人均GDP 10 818美元，为中高收入国家。单位能耗产出5.64美元/千克标准油；R&D经费投入10.7亿美元；R&D经费投入强度为0.50%；SCI收录论文7922篇；PCT专利申请数31件；高技术产业出口占制造业出口比重为9.01%。

罗马尼亚国家创新指数综合排名第33位，较上年下降1位。5个一级指标中，创新资源排名第37位，与上年持平；知识创造排名第9位，较上年提升1位；企业创新排名第32位，较上年下降7位；创新绩效排名第27位，与上年持平；创新环境排名第36位，较上年提升1位。

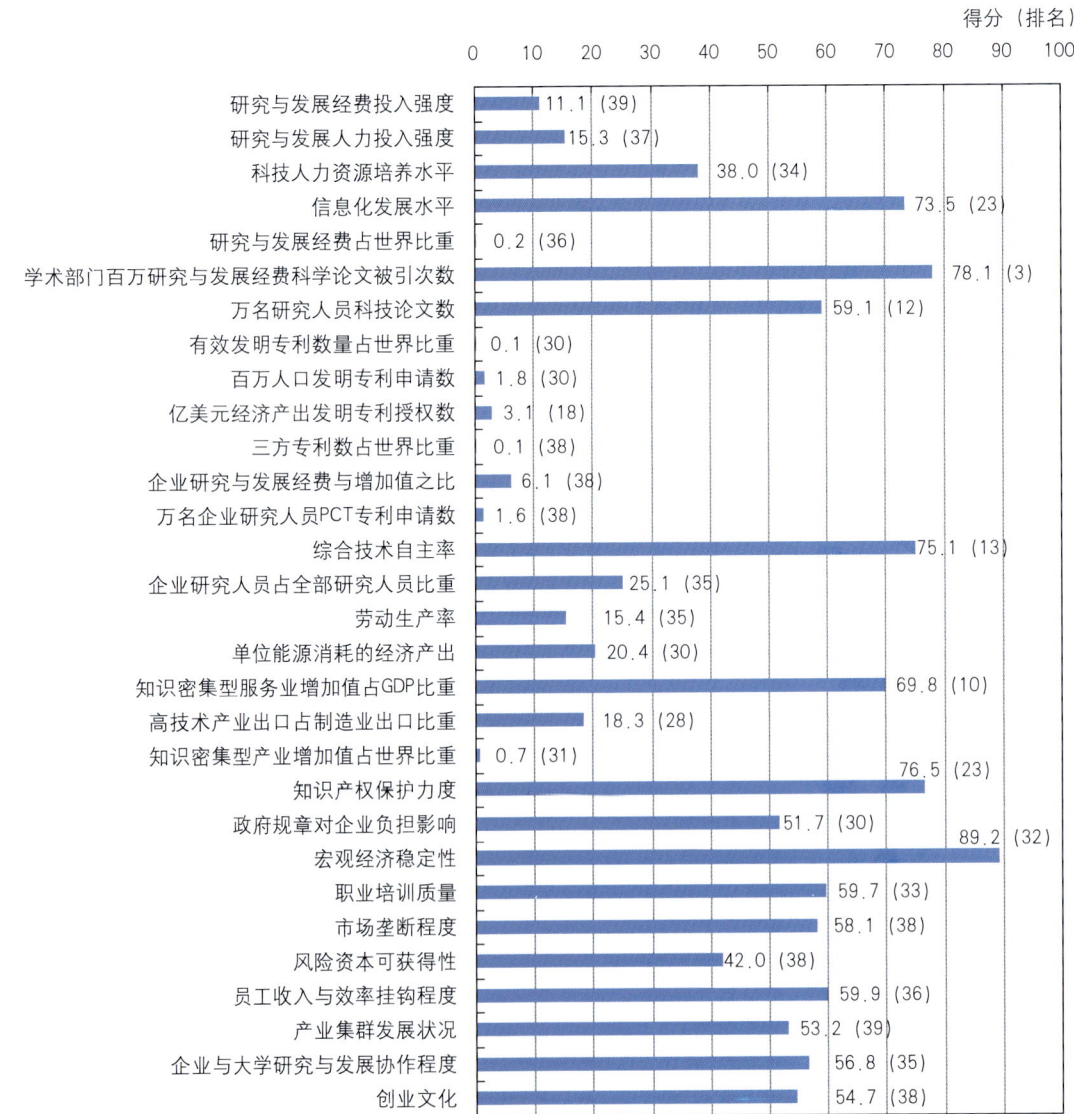

俄罗斯

欧洲国家。2017年人口约1.44亿人，国土面积约1707.55万平方千米，GDP总量15 775.2亿美元，人均GDP 10 743美元，为中高收入国家。单位能耗产出1.89美元/千克标准油；R&D经费投入174.7亿美元；R&D经费投入强度为1.11%；SCI收录论文3.8万篇；PCT专利申请数1058件；高技术产业出口占制造业出口比重为11.52%。

俄罗斯国家创新指数综合排名第32位，较上年提升1位。5个一级指标中，创新资源排名第26位，较上年提升1位；知识创造排名第37位，与上年持平；企业创新排名第21位，较上年提升2位；创新绩效排名第37位，较上年提升1位；创新环境排名第32位，较上年提升1位。

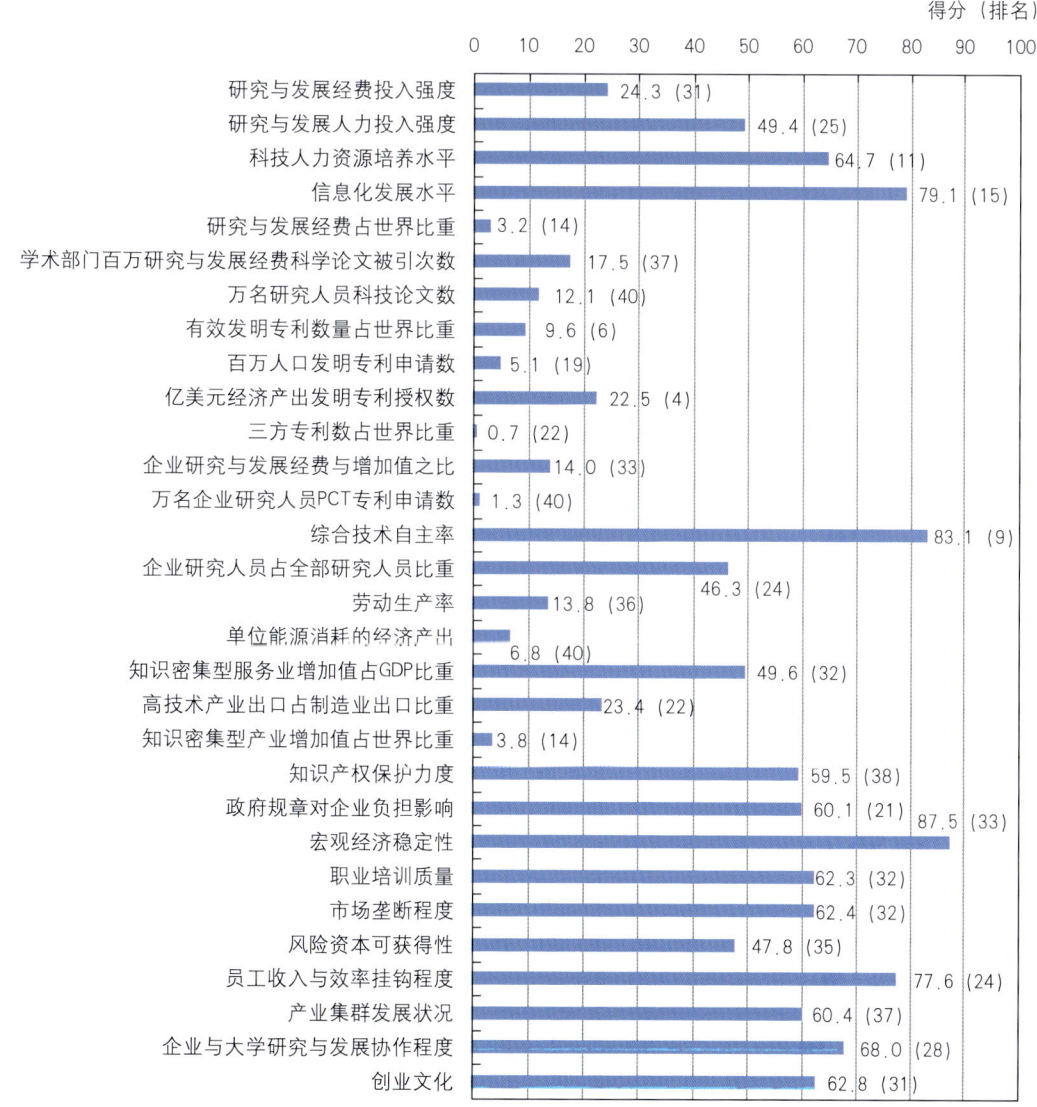

新加坡

亚洲国家。2017年人口561万人，国土面积约714.3平方千米，GDP总量3239.1亿美元，人均GDP 57 714美元，为高收入国家。单位能耗产出10.73美元/千克标准油；R&D经费投入67.3亿美元；R&D经费投入强度为2.16%；SCI收录论文1.4万篇；PCT专利申请数867件；高技术产业出口占制造业出口比重为49.17%。

新加坡国家创新指数综合排名第11位，较上年下降2位。5个一级指标中，创新资源排名第13位，较上年提升1位；知识创造排名第26位，较上年提升5位；企业创新排名第34位，较上年下降1位；创新绩效排名第4位，与上年持平；创新环境排名第4位，较上年下降3位。

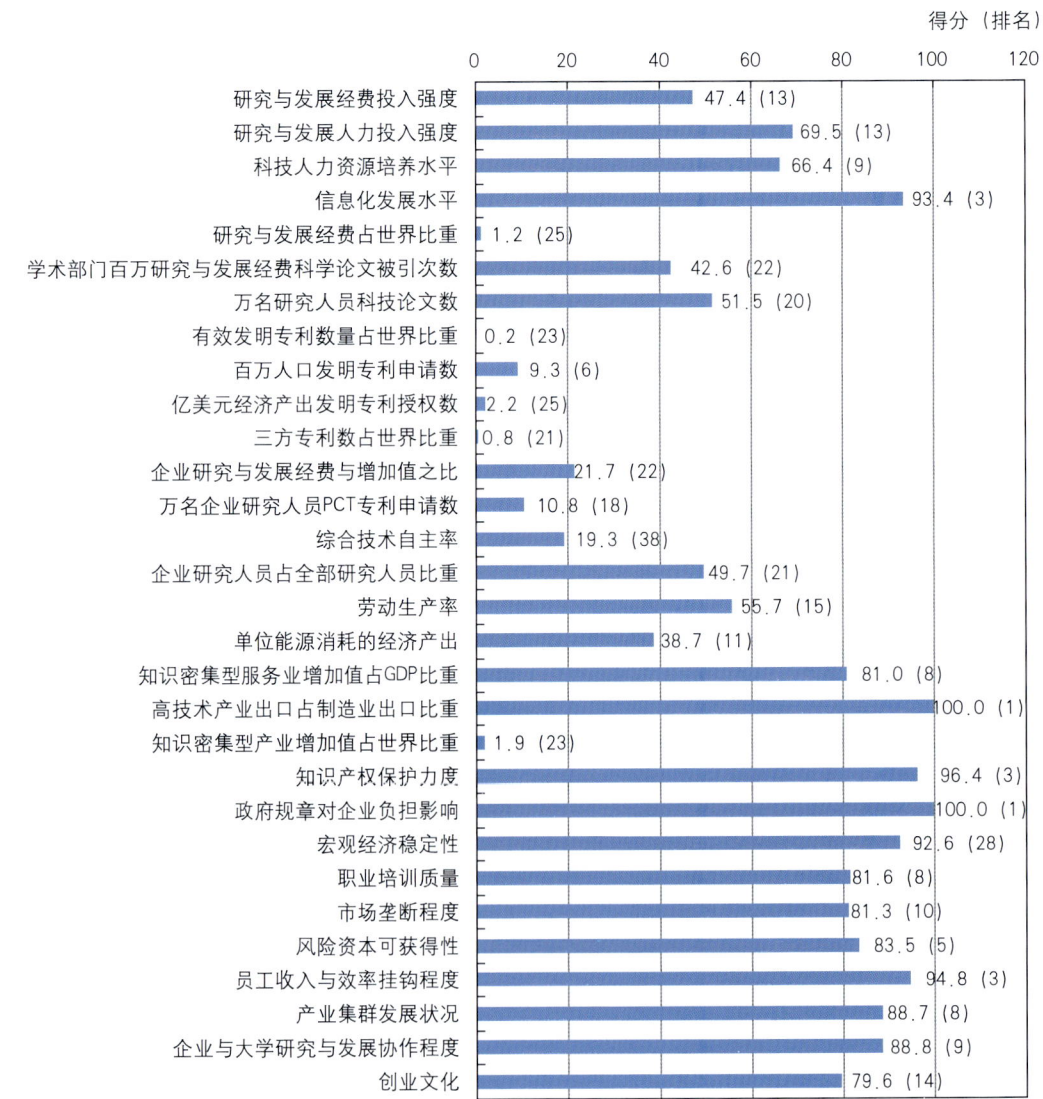

斯洛伐克

欧洲国家。2017年人口544万人，国土面积约4.9万平方千米，GDP总量957.7亿美元，人均GDP 17 605美元，为高收入国家。单位能耗产出5.37美元/千克标准油；R&D经费投入8.4亿美元；R&D经费投入强度为0.88%；SCI收录论文3952篇；PCT专利申请数52件；高技术产业出口占制造业出口比重为10.91%。

斯洛伐克国家创新指数综合排名第34位，较上年提升1位。5个一级指标中，创新资源排名第34位，较上年提升1位；知识创造排名第35位，与上年持平；企业创新排名第31位，较上年提升4位；创新绩效排名第30位，较上年提升1位；创新环境排名第33位，较上年下降4位。

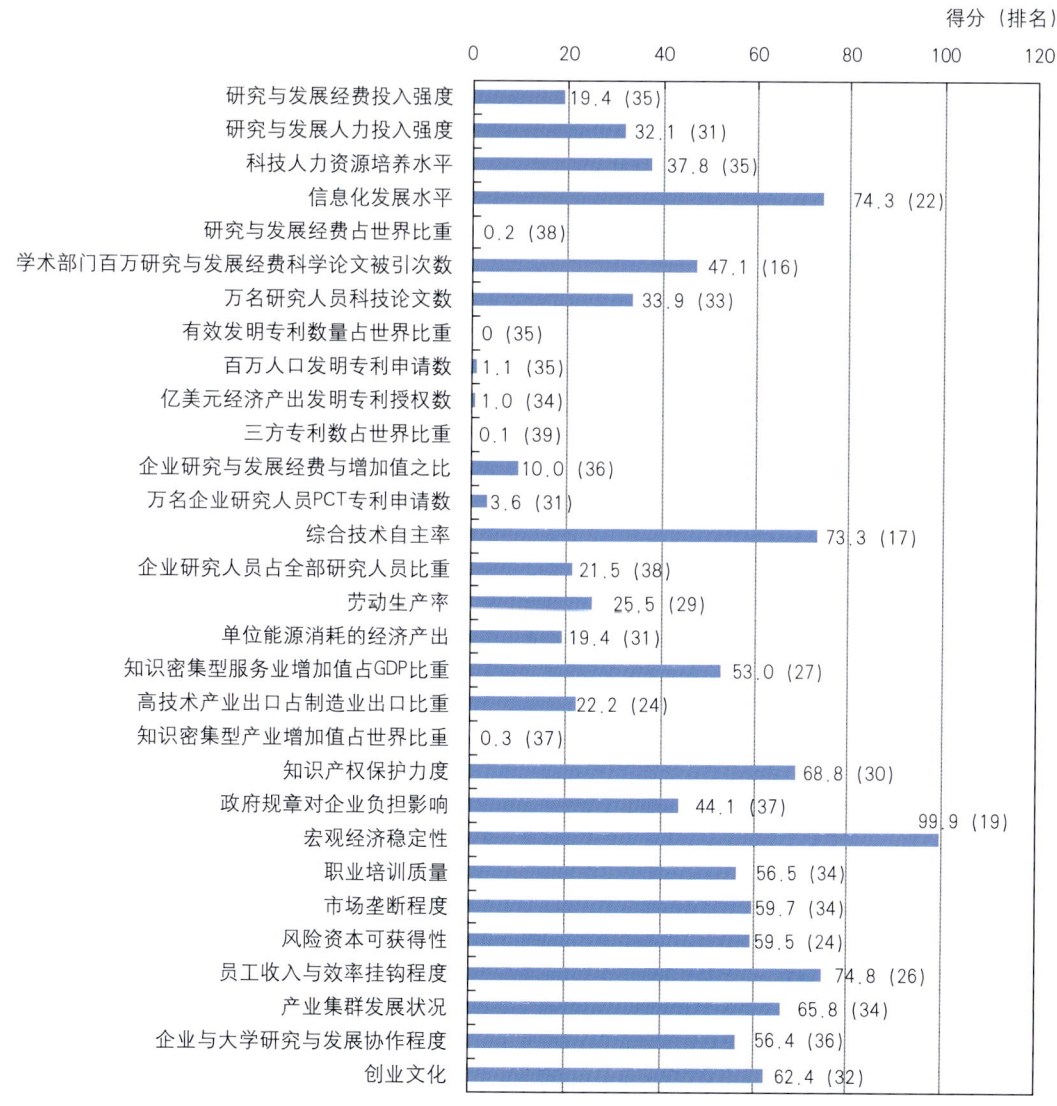

斯洛文尼亚

欧洲国家。2017年人口约207万人，国土面积约2.0万平方千米，GDP总量487.7亿美元，人均GDP 23 597美元，为高收入国家。单位能耗产出6.57美元/千克标准油；R&D经费投入9.0亿美元；R&D经费投入强度为1.85%；SCI收录论文3949篇；PCT专利申请数99件；高技术产业出口占制造业出口比重为6.24%。

斯洛文尼亚国家创新指数综合排名第23位，与上年持平。5个一级指标中，创新资源排名第18位，与上年持平；知识创造排名第4位，与上年持平；企业创新排名第13位，较上年提升2位；创新绩效排名第33位，与上年持平；创新环境排名第27位，较上年提升4位。

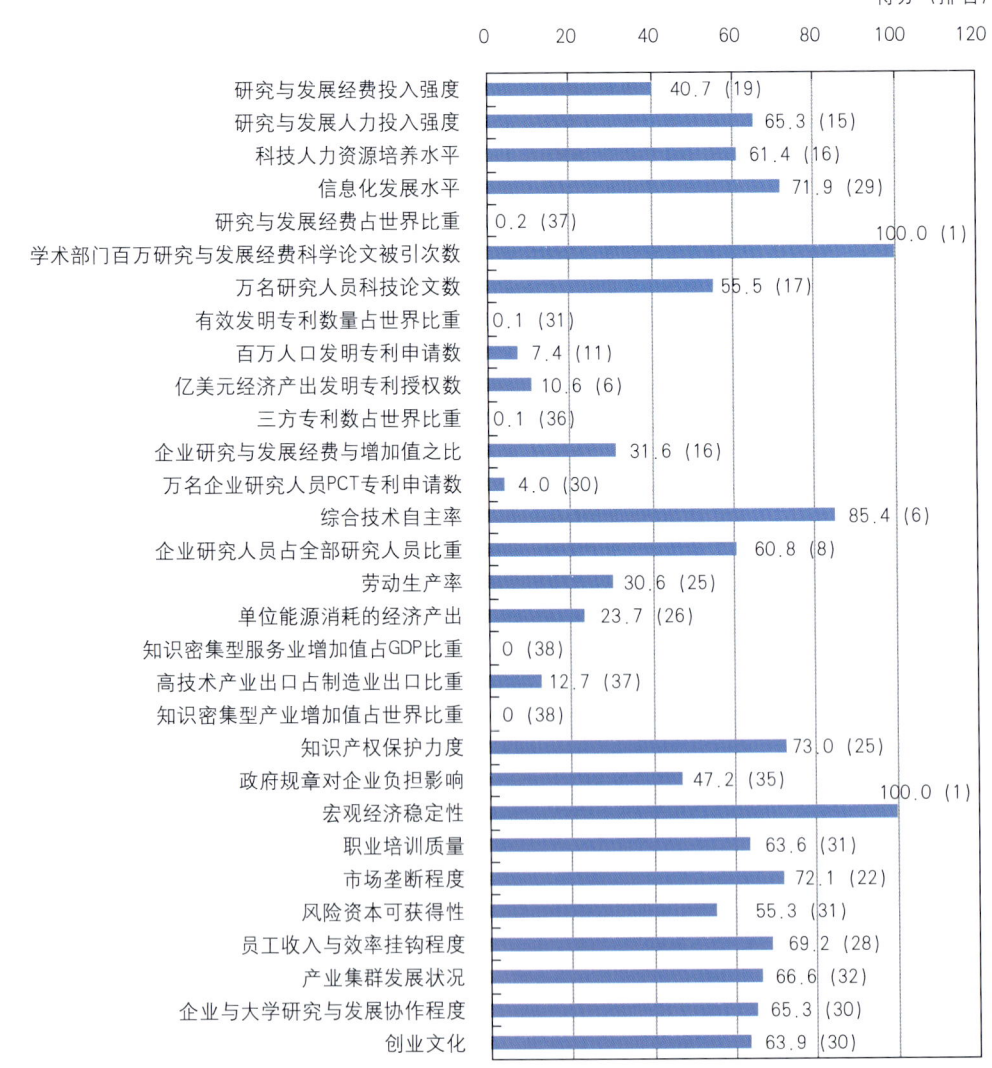

南非

非洲国家。2017年人口约5672万人，国土面积约122.1万平方千米，GDP总量3488.7亿美元，人均GDP 6151美元，为中高收入国家。单位能耗产出2.12美元/千克标准油；R&D经费投入25.3亿美元；R&D经费投入强度为0.80%；SCI收录论文1.5万篇；PCT专利申请数295件；高技术产业出口占制造业出口比重为4.64%。

南非国家创新指数综合排名第36位，与上年持平。5个一级指标中，创新资源排名第39位，与上年持平；知识创造排名第16位，较上年提升4位；企业创新排名第38位，与上年持平；创新绩效排名第38位，较上年下降1位；创新环境排名第29位，较上年下降3位。

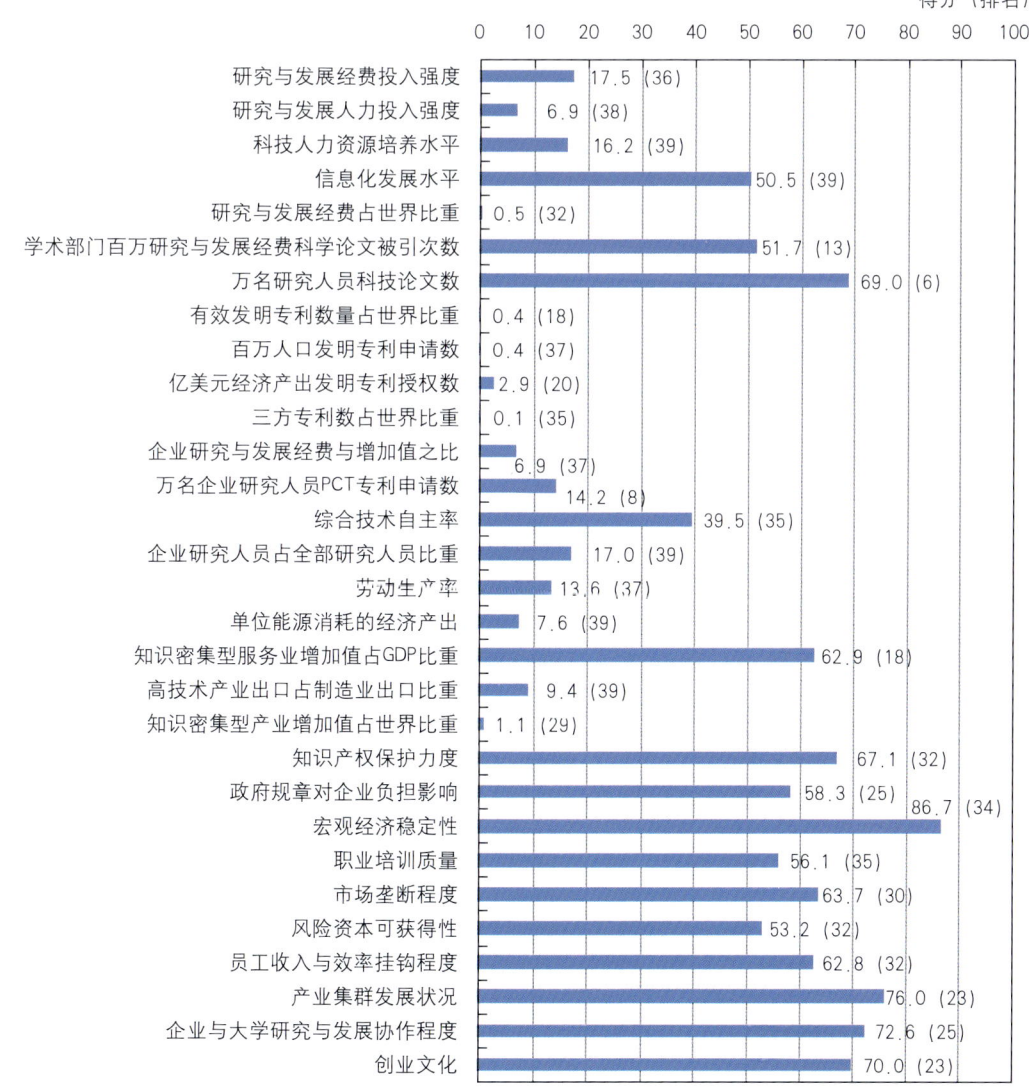

西班牙

欧洲国家。2017年人口4657万人，国土面积约50.6万平方千米，GDP总量13 113.2亿美元，人均GDP 28 157美元，为高收入国家。单位能耗产出10.03美元/千克标准油；R&D经费投入158.4亿美元；R&D经费投入强度为1.20%；SCI收录论文6.1万篇；PCT专利申请数1418件；高技术产业出口占制造业出口比重为7.05%。

西班牙国家创新指数综合排名第26位，与上年持平。5个一级指标中，创新资源排名第22位，较上年提升2位；知识创造排名第17位，较上年下降3位；企业创新排名第20位，较上年提升2位；创新绩效排名第24位，较上年提升1位；创新环境排名第30位，较上年下降2位。

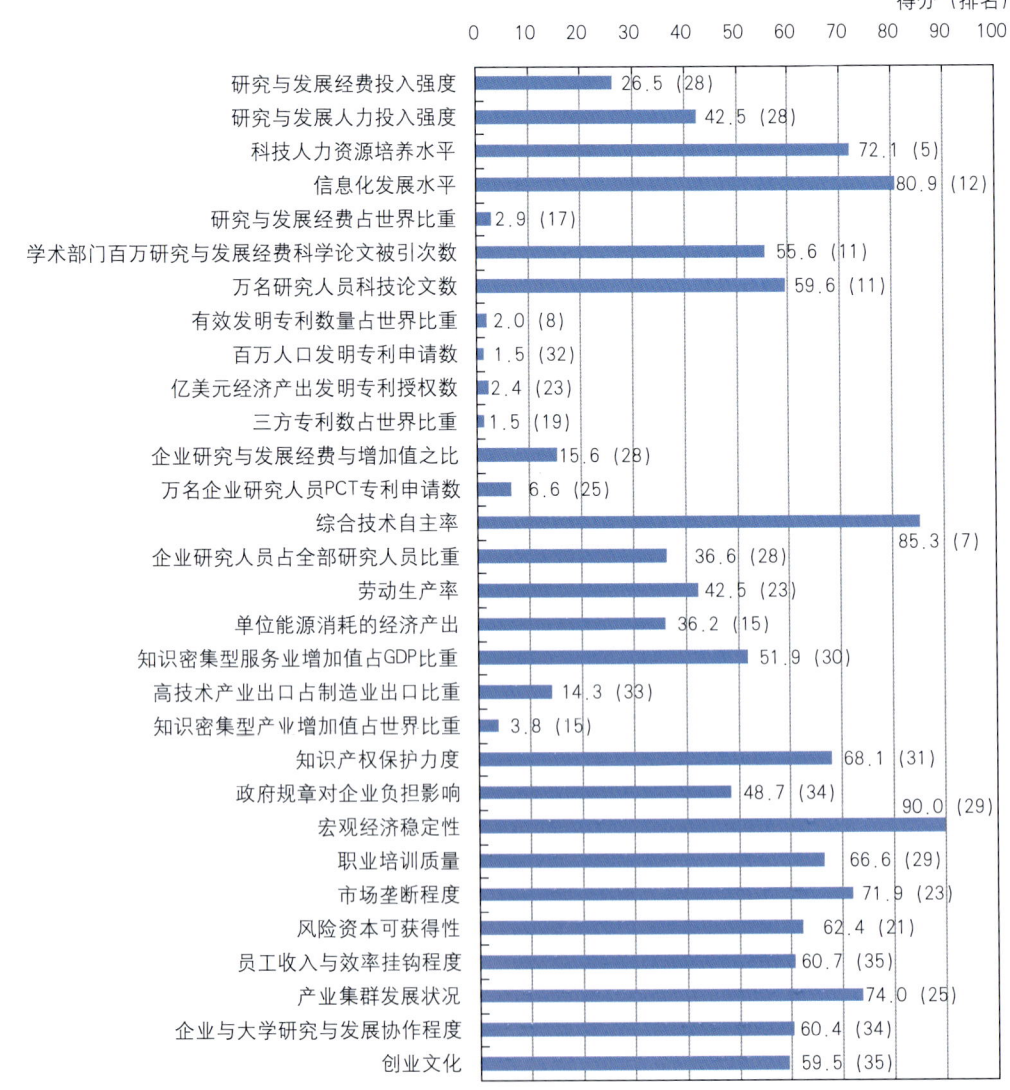

瑞典

欧洲国家。2017年人口约1007万人，国土面积约45万平方千米，GDP总量5380.4亿美元，人均GDP 53 442美元，为高收入国家。单位能耗产出9.96美元/千克标准油；R&D经费投入178.2亿美元；R&D经费投入强度为3.33%；SCI收录论文3.0万篇；PCT专利申请数3975件；高技术产业出口占制造业出口比重为13.22%。

瑞典国家创新指数综合排名第7位，与上年持平。5个一级指标中，创新资源排名第6位，较上年提升1位；知识创造排名第29位，与上年持平；企业创新排名第7位，与上年持平；创新绩效排名第12位，与上年持平；创新环境排名第7位，与上年持平。

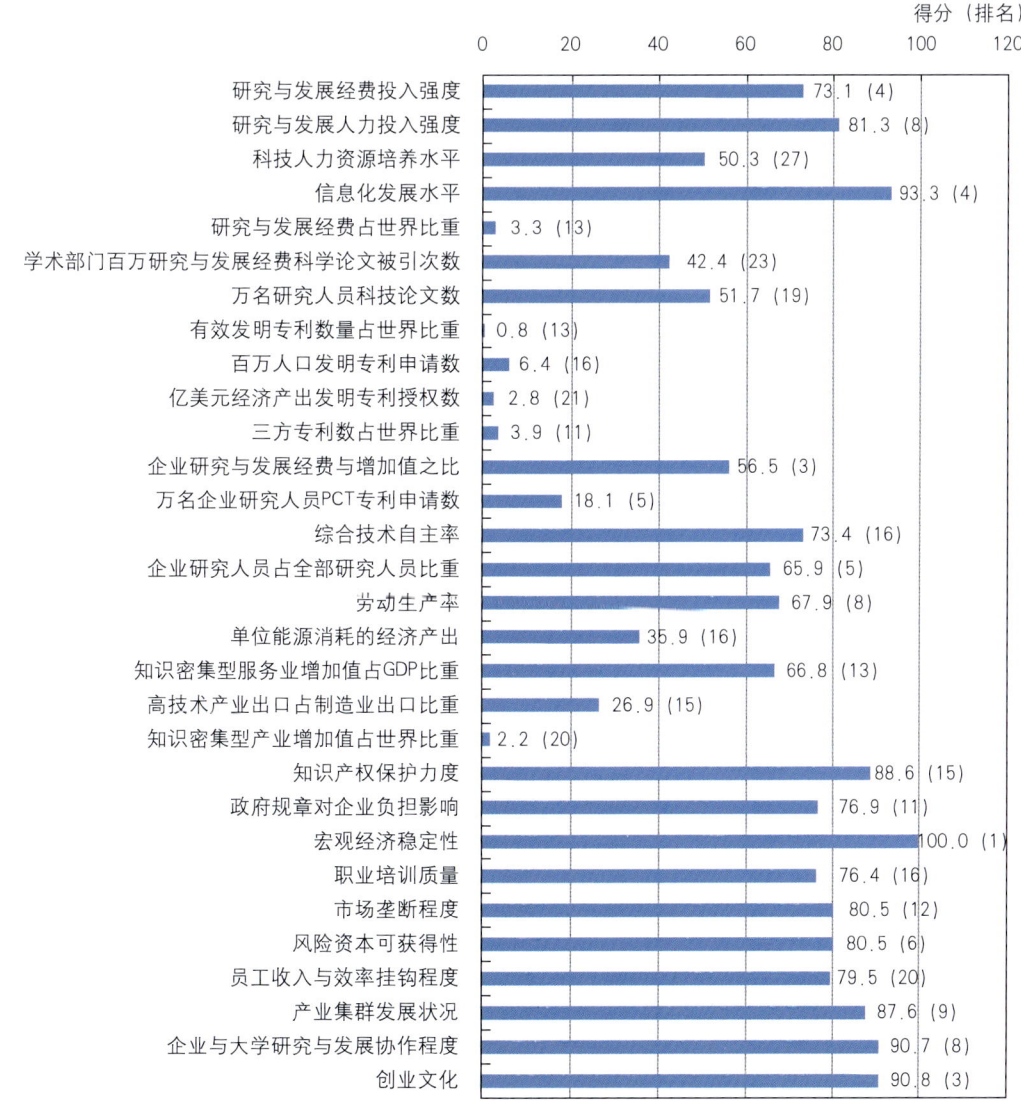

瑞士

欧洲国家。2017年人口约847万人，国土面积约4.1万平方千米，GDP总量6788.9亿美元，人均GDP 80 190美元，为高收入国家。单位能耗产出27.71美元/千克标准油；R&D经费投入229.2亿美元；R&D经费投入强度为3.37%；SCI收录论文3.3万篇；PCT专利申请数4488件；高技术产业出口占制造业出口比重为11.40%。

瑞士国家创新指数综合排名第4位，较上年下降1位。5个一级指标中，创新资源排名第7位，较上年下降1位；知识创造排名第6位，较上年提升2位；企业创新排名第9位，较上年下降3位；创新绩效排名第3位，较上年下降2位；创新环境排名第2位，较上年提升1位。

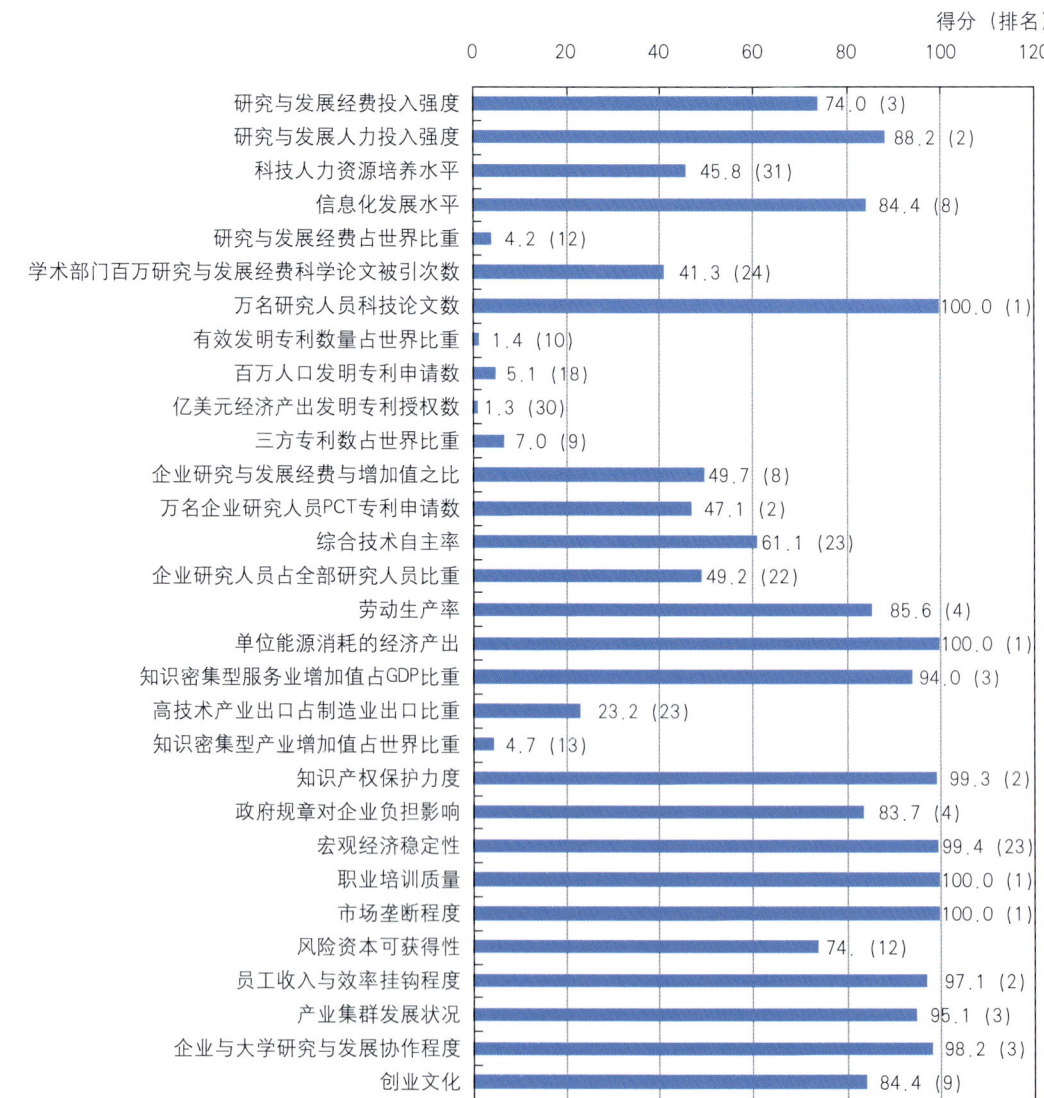

土耳其

亚洲国家。2017年人口约8075万人，国土面积约78.4万平方千米，GDP总量8515.5亿美元，人均GDP 10 546美元，为中高收入国家。单位能耗产出6.63美元/千克标准油；R&D经费投入81.8亿美元；R&D经费投入强度为0.96%；SCI收录论文2.9万篇；PCT专利申请数1251件；高技术产业出口占制造业出口比重为2.53%。

土耳其国家创新指数综合排名第35位，较上年下降1位。5个一级指标中，创新资源排名第31位，与上年持平；知识创造排名第36位，较上年提升2位；企业创新排名第28位，较上年下降11位；创新绩效排名第40位，与上年持平；创新环境排名第37位，较上年下降3位。

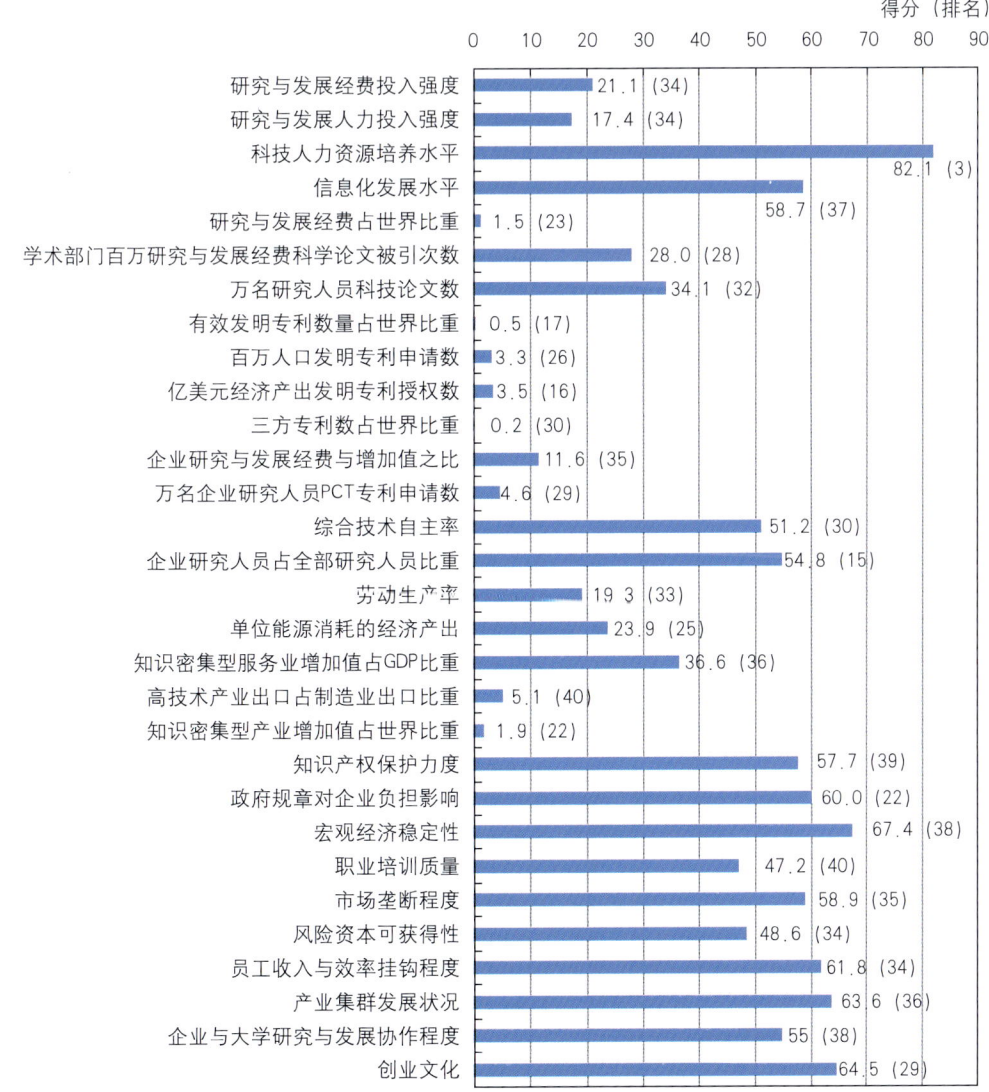

英国

欧洲国家。2017年人口约6602万人，国土面积约24.4万平方千米，GDP总量26 224.3亿美元，人均GDP 39 720美元，为高收入国家。单位能耗产出16.03美元/千克标准油；R&D经费投入438.9亿美元；R&D经费投入强度为1.66%；SCI收录论文12.6万篇；PCT专利申请数5568件；高技术产业出口占制造业出口比重为21.07%。

英国国家创新指数综合排名第10位，较上年提升1位。5个一级指标中，创新资源排名第21位，较上年下降1位；知识创造排名第12位，较上年提升3位；企业创新排名第19位，与上年持平；创新绩效排名第6位，较上年下降1位；创新环境排名第8位，较上年提升2位。

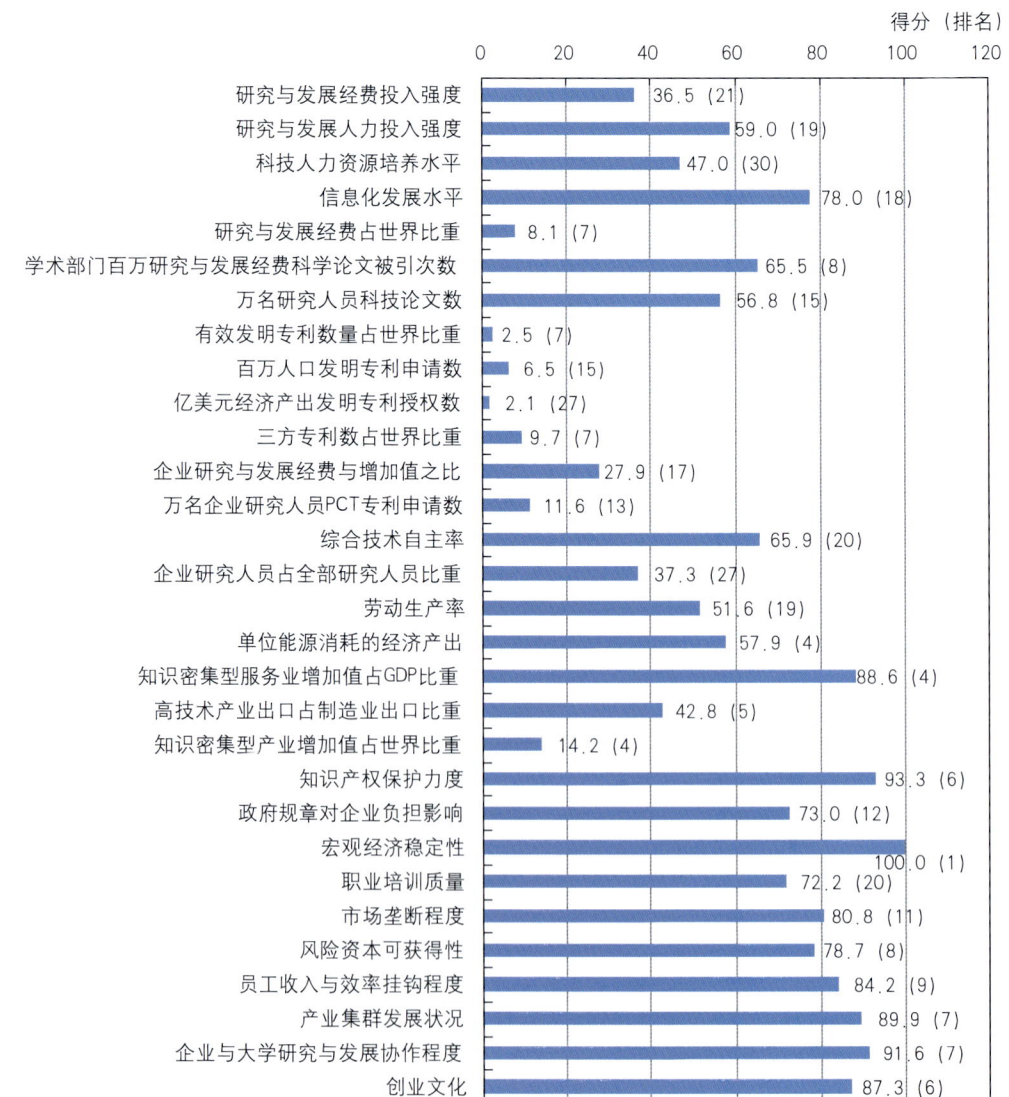

美国

北美洲国家。2017年人口约3.26亿人，国土面积约937万平方千米，GDP总量193 906.0亿美元，人均GDP 59 532美元，为高收入国家。单位能耗产出8.30美元/千克标准油；R&D经费投入5432.5亿美元；R&D经费投入强度为2.79%；SCI收录论文约41.9万篇；PCT专利申请数56 675件；高技术产业出口占制造业出口比重为13.82%。

美国国家创新指数综合排名第1位，与上年持平。5个一级指标中，创新资源排名第2位，较上年下降1位；知识创造排名第3位，与上年持平；企业创新排名第2位，与上年持平；创新绩效排名第1位，较上年提升1位；创新环境排名第1位，较上年提升1位。

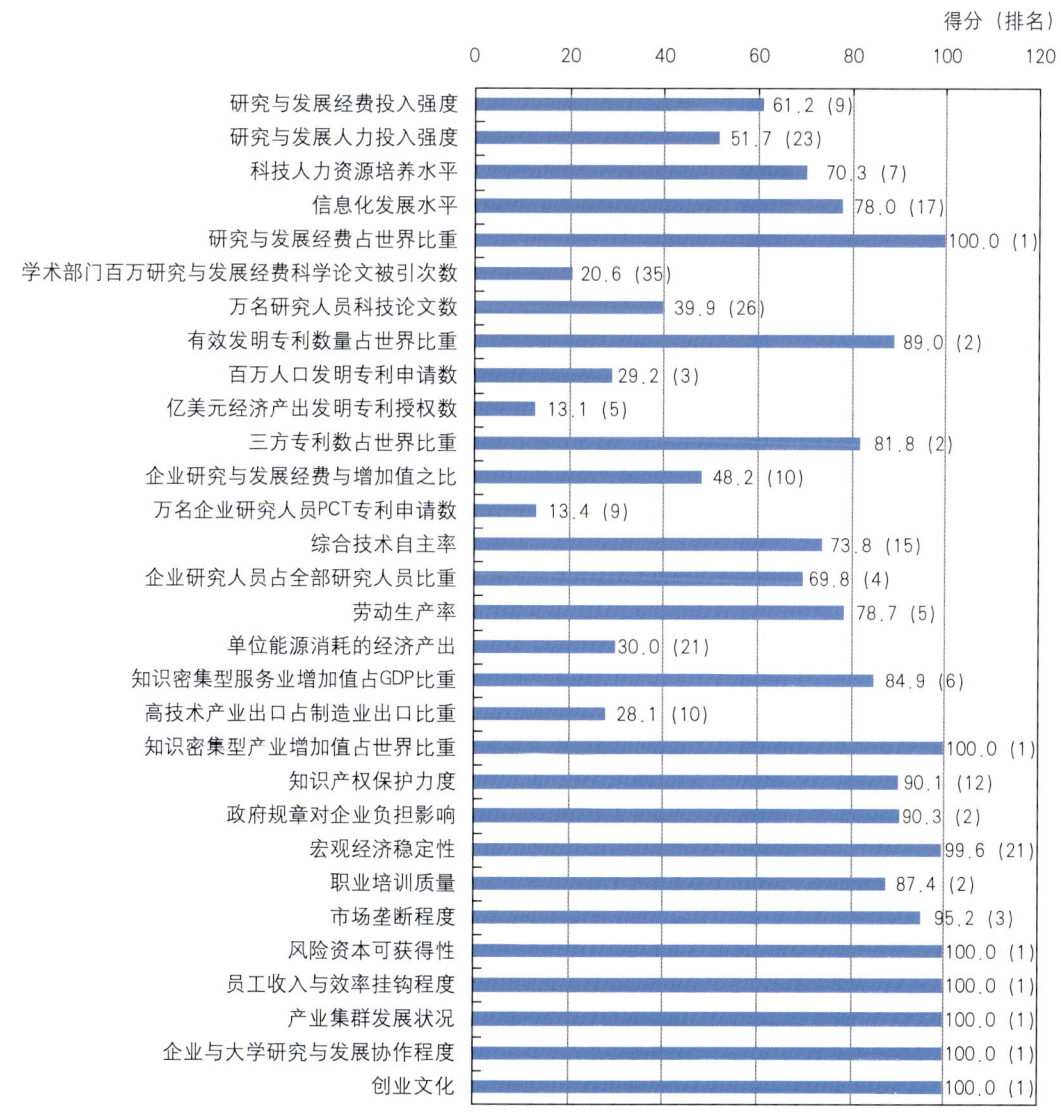

国家创新指数报告2019

评价方法

第三部分

一、评价思路

国家创新指数评价研究借鉴了国内外关于国家竞争力和创新评价的理论与方法。基于评价目的和创新型国家的概念内涵,从创新资源、知识创造、企业创新、创新绩效和创新环境5个方面构建了国家创新指数的指标体系,形成一套比较完整的评价思路和方法。

(一)评价目的

通过构建评价指标体系和测算国家创新指数,力求全面、客观、准确地反映中国国家创新能力在创新链不同层面的特点及中国创新在世界的位置;通过评价实践,形成规范的国家创新能力评价指标体系、指标解释、计算方法及分析框架,为监测评价创新型国家建设进程,完善科技创新政策提供支撑和服务。

(二)创新型国家内涵

从发展方式看,世界各国可以大体分为3类:出口资源型、经济依附型和技术创新型。中国既没有过多的资源可以出口,也不可能走经济依附型的道路,只能走技术创新型的发展道路。因此,"进入创新型国家行列"成为国家中长期科技发展规划的战略目标。

世界各国的科技进步与经济发展往往并驾齐驱。从统计数据看,全世界220个国家和地区中,有R&D活动的国家总计有137个,R&D经费占GDP的比例超过1%的国家只有35个,这35个国家的人口总数只占全球的39%,但R&D经费总量占全球的

90%，GDP总量占全球的80%。这说明世界上的经济强国，其经济强弱主要取决于科技水平，而不是主要取决于人口资源和自然资源要素。进一步的分析可以发现，虽然一些小国仍可以通过自然资源要素实现国家经济和国民财富的增长，但没有一个大国主要依赖自然资源要素而成为世界经济强国。

比较世界科技与经济排名前15名的国家与其他国家的区别，我们发现，创新型国家的最主要特征，是国家的经济社会发展方式与传统的发展模式相比发生了根本的变化。创新型国家的判别依据为：经济社会发展是主要依靠传统的自然资源消耗和资本要素投入来驱动，还是主要依靠以知识创造、传播和应用为标志的创新活动来驱动。

创新型国家应具备以下5个方面的能力。

①具有较强的创新资源综合投入能力；

②具有较强的知识创造与扩散应用能力；

③具有较强的企业创新能力；

④具有较强的创新产出影响能力；

⑤具有良好的创新环境。

（三）理论基础

考虑到创新是从创新概念提出到研发、知识产出，再到商业化应用的完整过程，国家创新能力应体现在科技知识的产生、流动和商业化应用的整个过程中。应该从创新资源投入、知识创造与应用、企业创新到创新产出与绩效影响的整个创新链主要环节来构建指标，评价国家创新能力。本报告参考了欧盟国家创新绩效评价的方法，采用综合指数评价。从创新过程选择一级指标和相应的二级指标，形成国家创新指数评价指标体系；再利用国家创新综合指数及其指标体系对国家创新能力进行综合分析、比较与判断。

（四）指标选择原则

——数据来源具有权威性。基本数据必须来源于公认的国际组织机构和国家官方统计和调查。通过正规渠道定期搜集，确保基本数据的准确性、权威性、持续性和及时性。

——评价对象具有代表性。所选取的评价对象必须是科技资源投入与创新产出较大的国家，最终选取了世界上40个主要国家，其研发投入总量之和占全球的95%以上，GDP产出占全球的86%以上。

——指标具有国际可比性。选取国际通用指标构建评价指标体系，指标内涵和数据统计口径与国际规范一致。

——评价体系对于国家规模不敏感。选取指标以相对指标为主，兼顾不同规模国家在创新投入产出效率、创新活动规模和创新领域广度上的不同特点。

——定量测评与定性分析相结合。既采用定量统计指标，也采用权威的、来源可靠的定性调查指标。

——纵向分析与横向比较相结合。既有横向的国际比较，也有纵向的历史发展轨迹分析。

二、指标体系

国家创新指数指标体系由创新资源、知识创造、企业创新、创新绩效和创新环境5个一级指标和30个二级指标组成。

创新资源：反映国家对创新活动的资源投入力度、创新人才资源供给能力及创新所依赖的基础设施投入水平。

知识创造：反映国家的科学和技术产出能力。

企业创新：主要用来反映企业创新活动的强度、效率和自主创新水平。

创新绩效：反映国家创新活动的经济、社会、生态绩效、产业转型升级情况。

创新环境：主要用来反映创新活动所依赖的外部软环境，包括10个二级指标（选自世界经济论坛《全球竞争力报告》中的调查指标）。

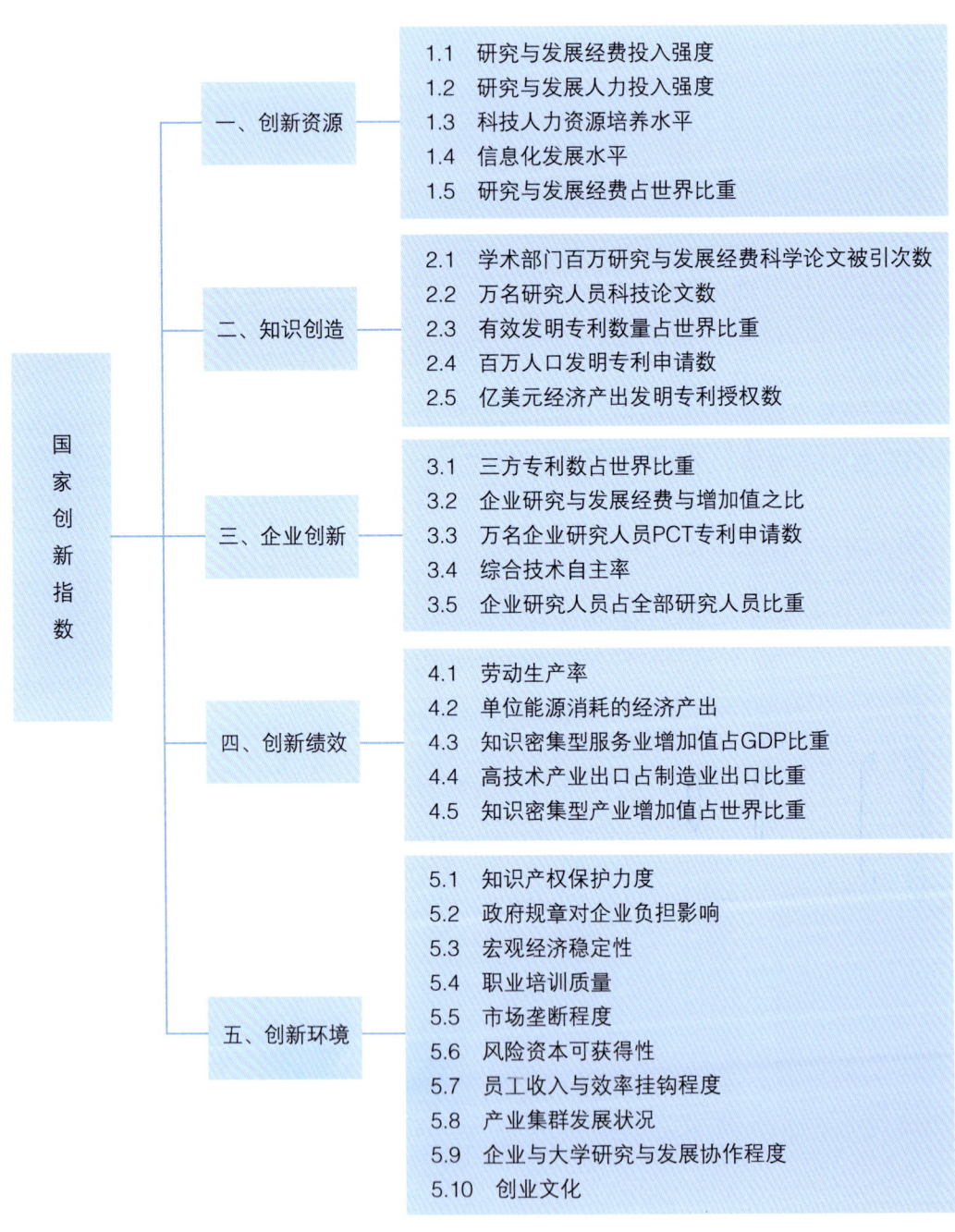

三、计算方法

国家创新指数的计算采用国际上通用的标杆分析法。标杆分析法的原理是：对被评价的对象给出一个基准值，并以此标准去衡量所有被评价的对象，从而发现彼此之间的差距，给出排序结果。

（一）二级指标数据处理

对40个国家的30个二级指标原始值分别进行指标的无量纲归一化处理。

无量纲化是为了消除多指标综合评价中，计量单位上的差异和指标数值的数量级、相对数形式的差别，解决指标的可综合性问题。

二级指标采用直线型无量纲化方法，即

$$y_{ij} = \frac{x_{ij} - \min x_{\cdot j}}{\max x_{ij} - \min x_{\cdot j}},$$

式中：$i = 1 \sim 40$；$j = 1 \sim 30$。

（二）一级指标计算

一级指标得分$\overline{Y}_{il}$计算：

$$Y_{ik} = \sum_{l=1}^{5} \beta_k y_{i\,(l+5k-5)},$$

$$Y_{i5} = \sum_{\theta=1}^{10} \beta_5 y_{i\theta},$$

$$\overline{Y}_{il} = 100 \times Y_{il} / \max \overline{Y}_{il},$$

式中：β_k为权重；$i=1\sim40$；$k=1\sim4$；$l=1\sim5$；$\theta=1\sim10$。

（三）国家创新指数计算

计算出国家创新指数$\overline{Y}_i$，并据此给出40个国家的排序。

$$Y_i = \sum_{l=1}^{5} w_l \overline{Y}_{il},$$

$$\overline{Y}_i = Y_i / \max Y_i,$$

式中：w_l为权重；$i=1\sim40$；$l=1\sim5$。

（四）中国创新指数的增长计算方法

以2005年为基年，测算指数增速的方法为：以2005年指标得分为100，分别计算以后各年的创新指数与一级指标得分，与基年比较即可看出创新指数增长情况。

1.一级指标计算

计算出一级指标得分$\overline{Z}_{il}$

$$z_{ijt} = 100\, x_{tj} / x_{1j},$$

式中：$i=1\sim40$；$j=1\sim30$为指标序号；$t=1\sim12$为2005—2016年编号。

$$\overline{Z}_{ik} = \sum_{l=1}^{5} \beta_k\, z_{i\,(l+5k-5)},$$

$$\overline{Z}_{i5} = \sum_{\theta=1}^{10} \beta_5\, z_{i\theta},$$

式中：β_k为权重；$i=1\sim40$；$k=1\sim4$；$l=1\sim5$；$\theta=1\sim10$。

2.国家创新能力增长指数计算

计算出国家创新指数$\overline{Z}_i$，并据此得出历年指数值。

$$\overline{Z}_i = \sum_{l=1}^{5} w_l\, \overline{Z}_{il},$$

式中：w_l为权重；$i=1\sim40$；$l=1\sim5$。

国家创新指数报告2019

附录

附录一 指数测度值与排序图

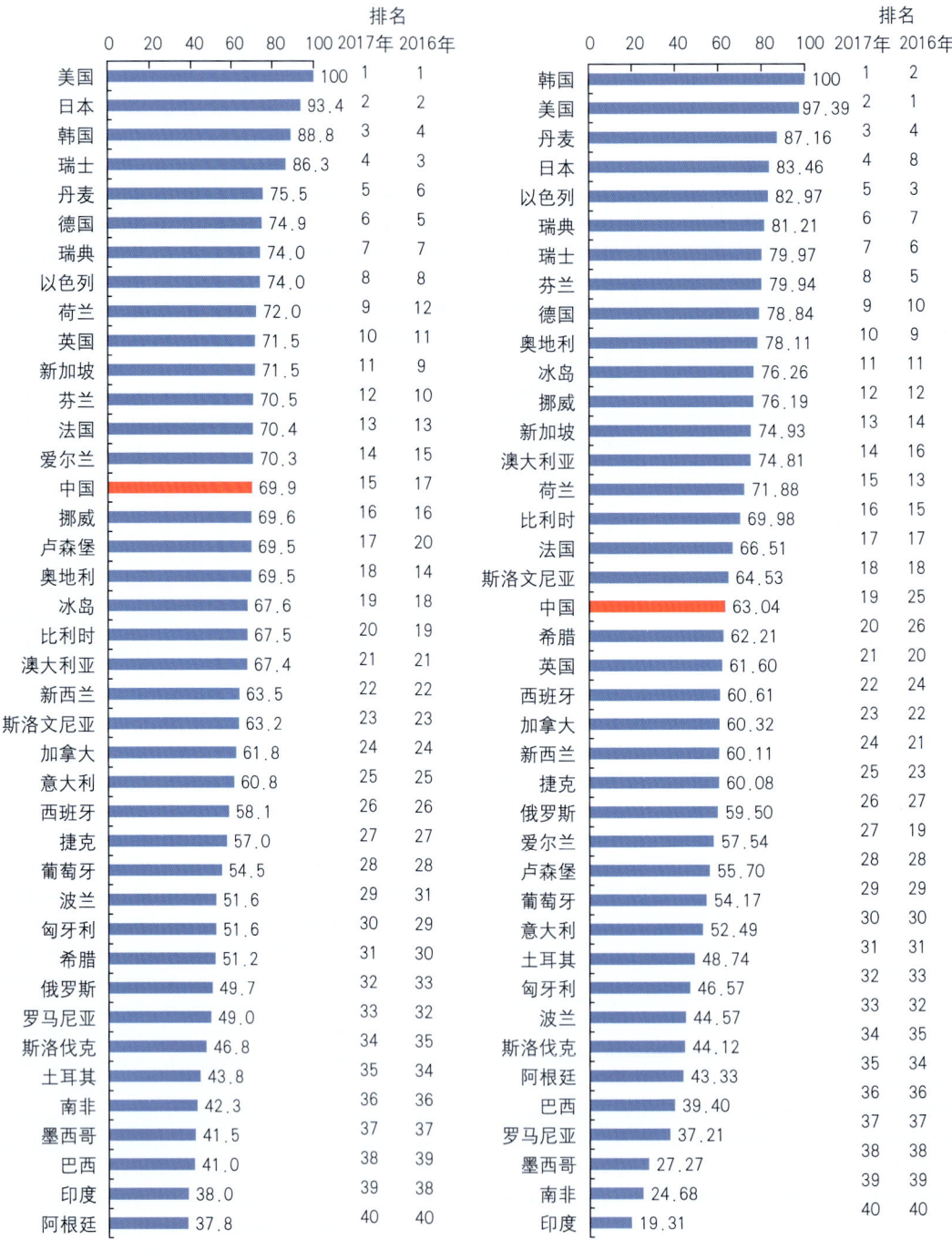

附图1 国家创新指数　　　　　附图2 创新资源

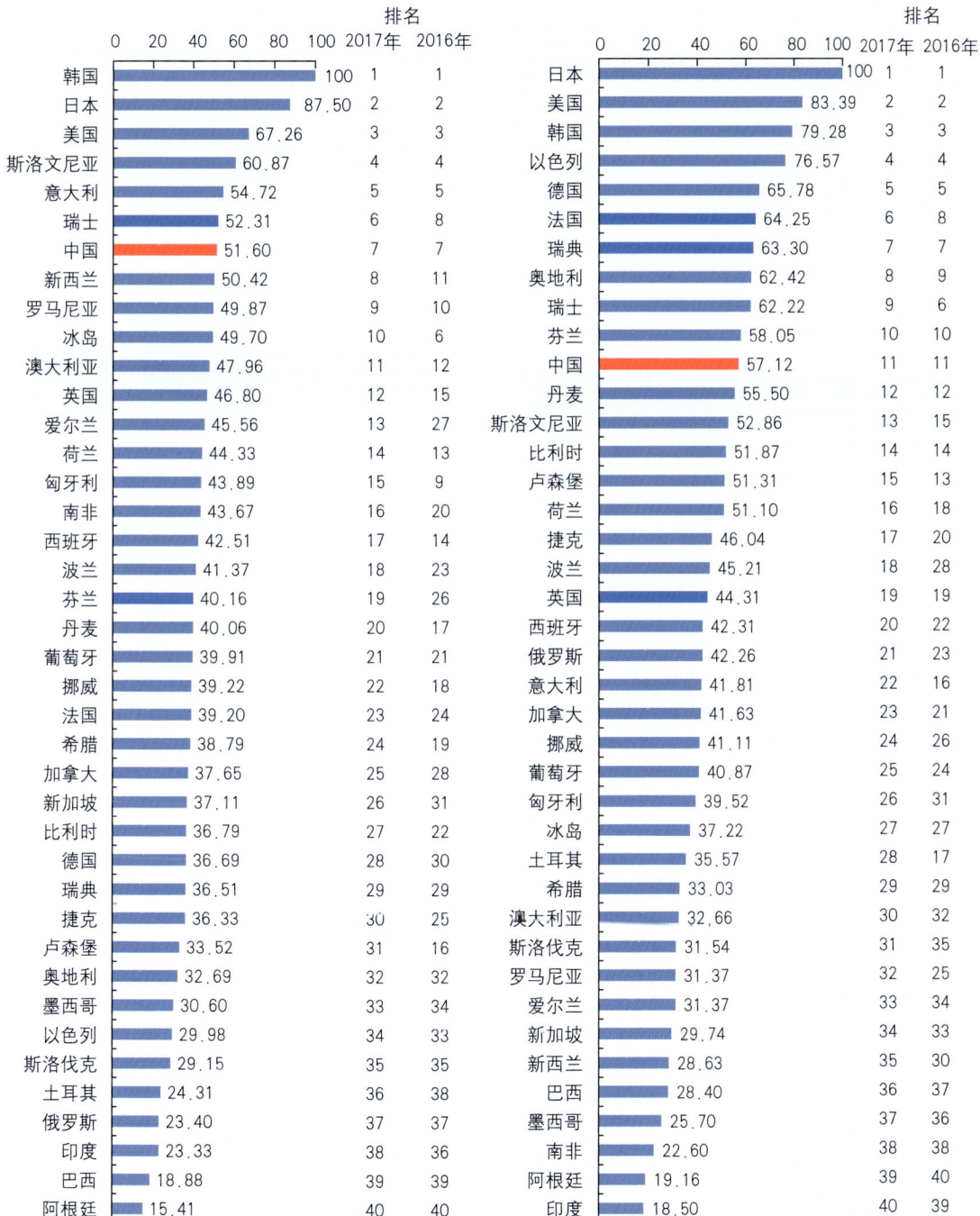

附图3　知识创造　　　　附图4　企业创新

国家创新指数报告 2019

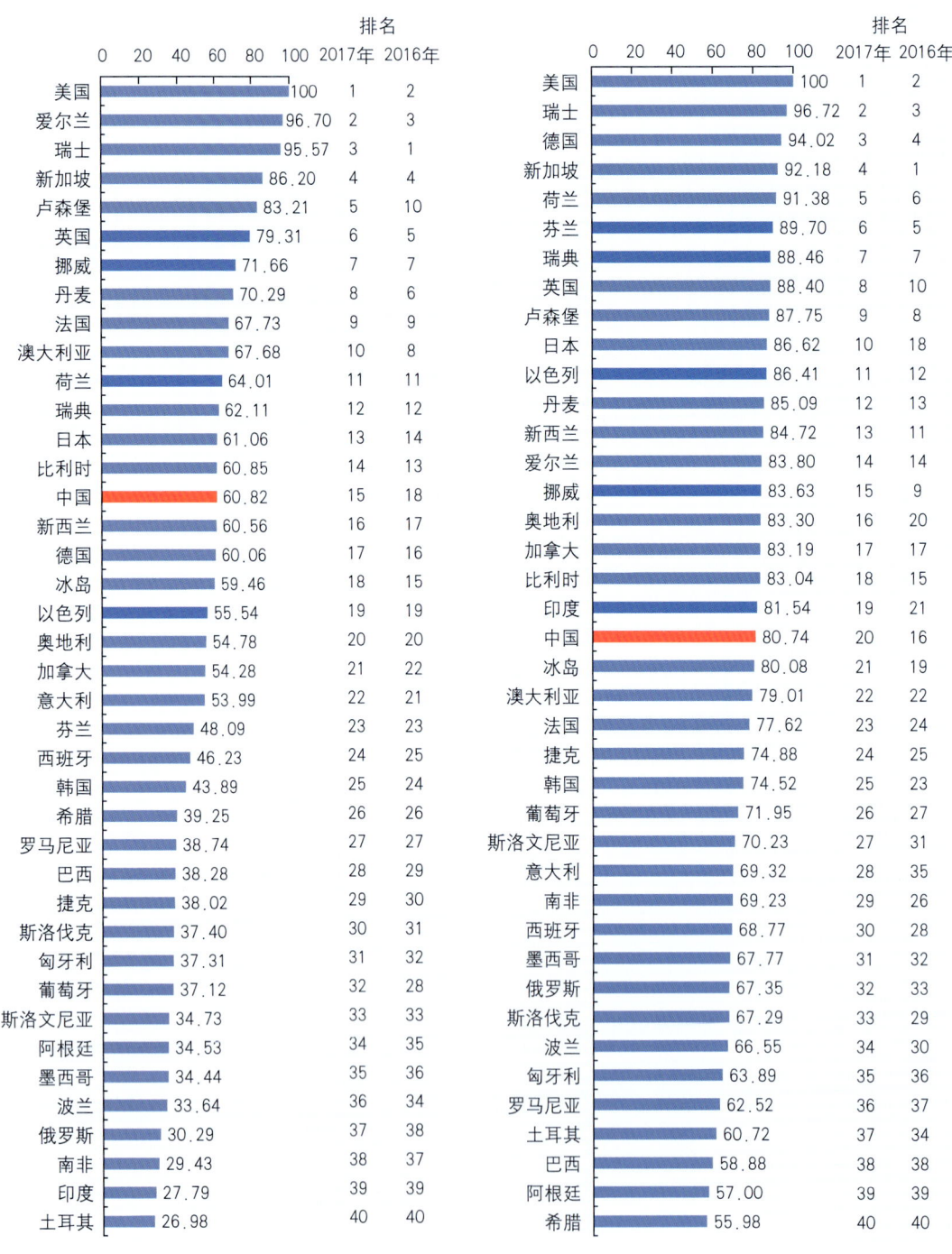

附图5　创新绩效　　　　　　附图6　创新环境

附录二　指标解释

1. 研究与发展经费投入强度

研究与发展（R&D）经费总额与国内生产总值（GDP）的比值，反映一国创新资金投入强度。

2. 研究与发展人力投入强度

每万人口中R&D人员数，反映一国创新人力资源投入强度。

3. 科技人力资源培养水平

采用高等教育毛入学率，即18~22岁学龄人口中接受高等教育的比重，反映一个国家科技人力资源的培养与供给能力。

4. 信息化发展水平

采用世界经济论坛发布的《全球竞争力报告》中的信息技术应用指数，反映一个国家在知识创造与传播扩散方面的信息化基础设施条件。

5. 研究与发展经费占世界比重

一国R&D经费总额（GERD）占全世界总量的比重，反映一个国家R&D活动的规模大小和创新资源投入能力。

6. 学术部门百万研究与发展经费科学论文被引次数

SCI收录的一国高校和研究机构科学论文的引证数（5年累计值）与R&D经费总额的比值，反映一国科技投入产出效率和知识产出质量。

7. 万名研究人员科技论文数

一国被SCI收录的科技论文总数除以其研究人员总量得到的比值，反映科学研究的产出效率。

8. 有效发明专利数量占世界比重

一国拥有发明专利数量占世界总量的比例。有效专利是指本国人所拥有的仍处于有效状态的发明专利数量，反映一个国家企业技术储备规模和自主创新能力。

9. 百万人口发明专利申请数

一国发明专利申请数量除以全部人口数量，反映一国的技术创造活力。

10. 亿美元经济产出发明专利授权数

一国的国内发明专利授权数量除以GDP（以汇率折算的亿美元为单位），反映一个国家自主创新能力和技术产出效率。

11. 三方专利总量占世界比重

一国在全球三方专利总量中所占比重。三方专利指在欧洲专利局（EPO）、日本特许厅（JPO）及美国专利商标局（USPTO）都提出了申请的同一项发明专利。该指标用来衡量国家技术创新能力和国际竞争力。

12. 企业研究与发展经费与增加值之比

一国企业部门研究与发展经费与工业增加值的比值，用来测度企业创新投入强度。

13. 万名企业研究人员PCT专利申请数

一年内PCT专利申请总量与企业研发人员中研究人员之比，主要反映一国企业创新投入的效率和创新产出的质量及其技术国际竞争力。

14. 综合技术自主率

100×R&D经费／（R&D经费＋技术引进费用）与100×国内发明专利授权数／

(国内发明专利授权数＋国外发明专利授权数)的平均值,反映了国家产业技术自给能力。

15. 企业研究人员占全部研究人员比重

一国全部R&D研究人员中企业研究人员所占的比例,反映一国企业研发人力投入的能力和水平。

16. 劳动生产率

国内生产总值与劳动力人口之比,反映创新活动对经济产出能力的作用。

17. 单位能源消耗的经济产出

每千克标准油能源消耗的GDP产出,用来测度技术创新带来的能源消耗减少的效果,也反映一国经济增长的集约化水平。

18. 知识密集型服务业增加值占GDP的比重

服务业中信息传输、软件和信息技术服务业,金融业,租赁和商务服务业,科学研究和技术服务业等行业的增加值占GDP的比重,反映一国的知识密集型服务业发展水平,用来测度一国的知识经济产出和产业结构优化状况。

19. 高技术产业出口占制造业出口比重

全部制造业出口中高技术产业出口所占比例,反映一国高技术产品国际竞争力和技术创新活动对改善经济结构的作用。

20. 知识密集型产业增加值占世界比重

即高技术产业(制造业)与知识密集型服务业的增加值之和占全世界总量的比重,反映一国企业应用创新成果所形成的产业规模大小与技术水平。

21. 知识产权保护力度

知识产权保护(1=弱和不受法律保护,7=强或得到法律保护)。

22. 政府规章对企业负担影响

政府发布的行政要求（准许、规定、报告等）给企业带来的负担（1=负担很重，7=没有负担）。

23. 宏观经济环境

由国家通胀水平、政府债务状况等指标构成的综合反映宏观经济环境稳定性的指数（1=宏观经济环境动荡，7=宏观经济环境稳定）。

24. 职业培训质量

社会提供职业培训服务的质量（1=最低水平，7=最高水平）。

25. 市场垄断程度

市场垄断情况（1=市场由少数企业垄断，7=市场充分竞争）。

26. 风险资本可获得性

企业有风险的创新项目一般可以得到风险投资（1=错，7=对）。

27. 员工收入与效率挂钩程度

员工收入（1=与员工生产率无关，7=与员工生产率强烈相关）。

28. 产业集群发展状况

国内各地都有发展良好的产业集群（1=强烈反对，7=完全赞成）。

29. 企业与大学研究与发展协作程度

企业与大学研究与发展合作（1=基本没有合作，7=非常密切合作）。

30. 创业文化

由对创业风险态度、企业管理层级结构、创新型企业发展状况、企业对颠覆性创意的接受程度等指标构成，综合反映社会创新创业文化（1=最低水平，7=最高水平）。

附录三　数据来源

[1] 世界银行，《世界发展指标2019》。

[2] 经济合作与发展组织，《主要科技指标2018-2》。

[3] 世界知识产权组织，《专利统计数据》。

[4] 世界经济论坛，《全球竞争力报告2018》。

[5] 美国国家科学基金会，《科学与工程指标2018》。

[6] 科睿唯安，《SCI期刊文献检索数据库》。

[7] 中国科学技术信息研究所，《中国科技论文统计与分析》。

[8] 中国科学院文献情报中心。

[9] 国家统计局，《中国统计年鉴2018》。

[10] 国家统计局、科学技术部，《中国科技统计年鉴2018》。

[11] 国家统计局，《国民经济和社会发展统计公报》。

[12] 国家知识产权局，《专利统计年报》。

[13] 中国科学技术协会中国科普研究所。

[14] 科学技术部火炬高技术产业开发中心。

[15] 科学技术部相关驻外机构。